Kropotkin zur Einführung

W0220015

Heinz Hug

Kropotkin zur Einführung

Edition SOAK
im Junius Verlag

Redaktion
Detlef Horster (Hannover)
Hans-Martin Lohmann (Heidelberg)
Alfred Paffenholz (Bremen)
Willem van Reijen (Utrecht)
Burghart Schmidt (Wien)

SOAK-Einführungen 45
Junius Verlag GmbH
Stresemannstraße 375
2000 Hamburg 50
Copyright 1989 by Junius Verlag
Alle Rechte vorbehalten
Einbandgestaltung: Johannes Hartmann, Hamburg
Titelfoto: Archiv Gerstenberg
Satz: Junius Verlag, Hamburg
Druck: SOAK GmbH, Hannover
Printed in Germany
ISBN 3-88506-845-1
1. Auflage April 1989

CIP-Titelaufnahme der Deutschen Bibliothek
Hug, Heinz:
Kropotkin zur Einführung / Heinz Hug. –
1. Aufl. – Hamburg: Ed. SOAK im Junius Verlag, 1989
(SOAK-Einführungen; 45)
ISBN 3-88506-845-1

NE: GT

Inhalt

Einleitung

Eine erste Renaissance nach Jahrzehnten des Schweigens und Vergessens erlebten anarchistische Theorien in den späten sechziger und frühen siebziger Jahren. Heute scheint wiederum ein zunehmendes Interesse an anarchistischen Ideen vorhanden zu sein – mit bemerkenswerten Unterschieden in der Rezeption. Lag im Zuge des antiautoritären Protests der 68er Bewegung die Betonung auf den autoritäts- und staatskritischen Elementen des Anarchismus, so steht heute die Frage im Vordergrund, was die anarchistische Theorie zur Neugestaltung der Gesellschaft beitragen könnte – eine Neugestaltung, welche angesichts der wachsenden Bedrohung des menschlichen Lebens (Umweltzerstörung, Übertechnisierung, Risikogesellschaft) immer dringlicher wird. Will man dieses veränderte Interesse an Personen festmachen, so gelangt man zu einer Polarisierung der anarchistischen Theoretiker: hier der »die Lust der Zerstörung« als »eine schaffende Lust« zelebrierende Bakunin, dort der konstruktiv-positive, sozialinnovative Kropotkin (in zunehmendem Maße auch der lange verkannte Landauer).[1]

Die Diskussion um die Vereinnahmung und die Fremdbestimmung des Menschen durch staatliche und andere Instanzen ist stiller geworden, wohl nicht zuletzt deshalb, weil diese Beherrschung tendenziell weniger augenscheinlich erfolgt: Humanisierung der Arbeitswelt durch demokratischen Führungsstil, Verringerung der patriarchalischen Machtausübung im Verhältnis der Geschlechter und in der Erziehung, vermeintliche Teilhabe am »großen Geschehen« durch die überbordende Präsenz der Medien usw. Zudem entstand eine Skepsis gegenüber der wortreichen Autoritätskritik gewisser Anarchisten. Mitunter verbarg sich hinter gewaltiger antistaatlicher Rhetorik eher die Absicht, die zu Recht kritisierte Repression des Staates nur durch neue Gewalttätigkeit und ein neues autoritäres Gehabe zu ersetzen. Gerade gegenüber Bakunin scheint diese Skepsis gerechtfertigt – Rolf Cantzen bezeichnet ihn als den »am wenigsten ›anarchistischen‹ unter den erklärten Anarchisten« (Cantzen 1987, S. 110).

In diese Neubewertung anarchistischer Theorien, zu der Cantzen mit früheren Arbeiten, nun aber besonders mit seiner Studie über »Freiheit – Ökologie – Anarchismus«[2] wesentlich beigetragen hat, ordnet sich eine Einführung in das Werk des russischen Anarchisten und Naturwissenschaftlers Pjotr Kropotkin (1842 – 1921) ein. Seine Schriften, insbesondere die Memoiren, gehörten einst zu den meistgelesenen Büchern der Arbeiterschaft. Die als Broschüren gedruckten Aufsätze und Vorträge erzielten enorme Auflagen und wurden in die verschiedensten Sprachen übersetzt[3]. Viele Historiker des Anarchismus betrachten Kropotkin als die stärkste Persönlichkeit und den beeindruckendsten Theoretiker der libertären Bewegung. Mit seinen wissenschaftlichen Arbeiten hatte Kropotkin Zugang zu den führenden Fachzeitschriften seiner Zeit. Diese für einen Anarchisten außergewöhnliche Popularität steht allerdings im Gegensatz zu dem bemerkenswert geringen wissenschaftlichen Interesse an Kropotkins Werk – zumindest im deutschsprachigen Raum: Hier existiert –

abgesehen von zwei Dissertationen aus den Jahren 1926 und 1931[4] – kein Versuch, Kropotkins Leben und Werk umfassend darzustellen. Doch auch in anderen Sprachen sind – im Vergleich etwa zu Bakunin – nur wenige Arbeiten vorhanden.

Der Grund für dieses mangelnde Interesse liegt wohl nur zu einem geringen Teil in der enormen Breite von Kropotkins Werk, wenn auch in diesem Umstand tatsächlich eine Schwierigkeit liegt: Seine weitverstreuten Interessengebiete ermöglichten es Kropotkin trotz unermüdlichen Arbeitseifers nicht, in allen Bereichen genügend fundiert zu schreiben. Eine kompetente Beurteilung von geologischen, geographischen, biologischen, historischen, sozialphilosophischen, politischen, ökonomischen, ethischen und literaturwissenschaftlichen Werken wird den wenigsten Wissenschaftlern möglich sein, einmal abgesehen davon, daß Kropotkin auf russisch, französisch, englisch und deutsch schrieb. Doch mehr ins Gewicht für das mangelnde wissenschaftliche Interesse an Kropotkin im deutschsprachigen Gebiet fällt die starke Orientierung der politischen Philosophie an Marx und dem »autoritären Sozialismus«.

Für die vorliegende Einführung bestehen diese Schwierigkeiten jedoch nur in geringem Maße, da von vornherein eine Beschränkung auf Kropotkins Sozialphilosophie angestrebt wurde. Allerdings ist es für das Verständnis dieses Denkens unabdingbar, andere Teile des Werks mitzuberücksichtigen, vor allem die Anthropologie und die historischen Studien. Außerhalb der Betrachtung bleiben Kropotkins geologische und geographische Werke[5], seine beachtenswerten Schriften über die Gefängnisse und die Problematik des Strafvollzugs[6] sowie Untersuchungen zur russischen Literaturgeschichte, die er anläßlich seiner zweiten Amerika-Reise im Jahre 1901 für Vorlesungen verfaßte[7].

Im eingangs erwähnten Sinne besitzen Kropotkins Gesellschaftsvorstellungen durchaus ihre Aktualität. Die grundsätzliche Problematik des kapitalistischen Systems zeigt sich heute nicht mehr allein in periodisch wiederkehrenden Krisen, die – wenn auch unter beträchtlichen Opfern – immer wieder »repariert« werden konnten und somit nicht systemzerstörend wirkten. Auch irreparable Schäden werden heute sichtbar, die das Ende der Menschheit bedeuten können. Auf der anderen Seite steht in den Ländern des »realen Sozialismus« die Funktionsfähigkeit staatssozialistischer Planwirtschaften in Frage. In einer solchen Zeit wird die Suche nach einem »dritten Weg« dringender denn je. Kropotkins anarchistischer Kommunismus als fertiges Rezept für diesen »dritten Weg« zu betrachten, wäre verfehlt und ahistorisch. Doch sein Konzept enthält Elemente, die mit gutem Grund für die Diskussion einer Alternative genutzt werden können: Von höchster Aktualität sind Kropotkins ökologische Überlegungen, die sowohl im kapitalistischen als auch im staatssozialistischen System bisher ignoriert wurden. Nicht allein um diese Elemente geht es in der vorliegenden Untersuchung, obwohl sie gewissermaßen das erkenntnisleitende Interesse bilden sollen. Daher ist es auch nicht sinnvoll, es bei einer reinen Beschreibung Kropotkinscher Gedankengänge bewenden zu lassen, so daß mit der kritischen Diskussion bestimmter Fragen subjektive und ihrerseits wiederum kritisierbare Betrachtungen den Fortgang der Darstellung unterbrechen.

Nicht zuletzt beruhte Kropotkins Popularität auf der scharfsichtigen Benennung der für die mißlichen Zustände seiner Zeit Verantwortlichen sowie auf der warmherzigen Parteinahme für diejenigen, die unter dem damaligen Elend litten. Auch in diesem Zusammenhang sind seine Schriften aktuell; Martin Zemliak, der verschiedene französische Texte Kropotkins neu ediert hat, schreibt in seinem Vorwort zu »Paroles d'un révolté«: »Und wenn auch das Elend verschwunden ist, im allgemeinen, obzwar nicht überall in Europa – ist es nicht ebenso himmelschreiend heute wie gestern in der ›Dritten Welt‹ vorhanden? Und dieses Elend drückt sich aus in den zur Routine gewordenen Zahlen von wöchentlich Tausenden von Hungertoten, im Analphabetismus, der zunimmt, in den plötzlichen Hungerrevolten, z. B. in der UdSSR im Jahre 1961 in Nowotscherkask, 1970/71 in Polen, 1977 in Ägypten, 1978 in Tunesien... Auch wenn die Revolution nicht nahe zu sein scheint, so ist sie nicht minder nötig. Die grundlosen Millionen Toten der zwei kapitalistischen Weltkriege, die grundlosen Millionen Toten des sowjetischen Marxismus-Leninismus und all die Toten im maoistischen China, in Chile und in Afrika – und überall gibt es ebensoviele Argumente gegen alle Regierungen und Staaten.« (Kropotkin 1885, S. 12)

Mein Dank gilt allen meinen Freundinnen und Freunden, die mir Anregungen zu meiner Arbeit gaben, insbesondere Mario König und Waltraut Müller, die das Manuskript einer kritischen Lektüre unterzogen.

1. Gegenseitige Hilfe – Das Grundelement von Kropotkins Anthropologie

In der politischen Philosophie der Neuzeit, bei den Naturrechtlern, bei Hobbes bis hin zu Kant kreist das Denken im Bereich der politischen Philosophie um die zentrale Frage, wie aus dem Naturzustand menschlicher Bösartigkeit zu einem rechtlichen Zustand zu gelangen ist, der die menschliche Asozialität kontrollierbar macht, so daß ein »zivilisiertes« Zusammenleben möglich wird. Die meisten Denker rekurrieren dabei auf eine Form von Obrigkeit, auf einen Staat. Kropotkin setzt ebenfalls beim Naturzustand an, verneint aber die Bösartigkeit des Menschen. Mit dieser grundsätzlichen Infragestellung verliert jede Obrigkeit, jede Form staatlicher Gewalt und Organisation ihre Legitimität. Kropotkin sieht in einem Staat, mag er noch so perfekt, mag er noch so demokratisch sein, keineswegs die Grundlage für ein menschliches Zusammenleben in Frieden und Freiheit von Herrschaft und Ausbeutung. Nach Kropotkin begründet die Regelung der sozialen Angelegenheiten, d.h. die Lösung menschlicher Konflikte, nicht die Notwendigkeit des Staates. Vielmehr erachtet er gerade die Abschaffung des Staates, seiner Gesetze, des gesamten Systems der Verwaltung, der Regierung und der Zentralisation als unabdingbare Voraussetzung für die Selbstentfaltung und das Glück aller Menschen. Die *Soziabilität des Menschen* ist der Garant für ein freies Zusammenleben – eine Soziabilität, welche Kropotkin als zentralen

Aspekt der Gattung Mensch versteht. Von der Hypostasierung einer ahistorischen menschlichen Natur – wie diese Formulierungen nahelegen könnten – kann bei Kropotkin allerdings nicht die Rede sein, denn er versteht den Menschen als ein Produkt der Natur, als ein mit starken Sozialinstinkten versehenes Wesen, dessen Befindlichkeit von sozialgeschichtlichen Veränderungen und Einflüssen mitbestimmt wird. Der Mensch ist keineswegs – in einer irgendwie wunderbaren Weise oder aufgrund einer kräftigeren Natur – gegenüber gesellschaftlichen Einflüssen resistent. »Weit davon entfernt, in einer Welt der Träume zu leben und die Menschen für besser als sie sind zu halten, sehen wir sie so, wie sie sind« (1896a, S. 16) – allerdings, so betont Kropotkin, hat ihre »Schlechtigkeit« benennbare, außerhalb ihrer Natur liegende Ursachen.

Modifikation der Darwinschen Entwicklungslehre

Kropotkins anthropologischer Ansatz ist um so erstaunlicher, als die Auffassung von der menschlichen Bösartigkeit, die tief verwurzelte Überzeugung, »der Mensch sei dem Menschen ein Wolf«, gerade zu seiner Zeit eine quasiwissenschaftliche Fundierung bekam: 1888 erschien Thomas H. Huxleys Manifest »The Struggle for Existence«, die wohl klarste programmatische Schrift des Sozialdarwinismus. Kropotkins Anthropologie entsteht in der *Auseinandersetzung mit dem Darwinismus und seinen Weiterentwicklungen bzw. Verfälschungen*. In einer Reihe großangelegter Aufsätze in der Zeitschrift »The Nineteenth Century« befaßt er sich mit dem Darwinismus; 1902 erscheinen diese

Aufsätze in Buchform: »Mutual Aid: A Factor of Evolution«. Auch später befaßt sich Kropotkin immer wieder mit diesen Fragen, zuletzt in den Eingangskapiteln seiner »Ethik« – sie zeigen die engen Zusammenhänge, die er zwischen Menschenbild und Sittlichkeit herstellt.

Darwins Evolutionstheorie erfährt in der Wissenschaft und in einem Teil der Öffentlichkeit eine erstaunlich rasche Aufnahme. Auffallend ist, daß in bestimmten Kreisen nicht die ganze Evolutionslehre, sondern nur Teilaspekte übernommen werden. Hinzuweisen ist vor allem auf die Übernahme des Begriffs *Kampf ums Dasein*. Zieht man die soziokulturelle Situation jener Zeit in Betracht, so kann diese Rezeption nicht erstaunen. Der industrielle Kapitalismus hatte sich in West- und Mitteleuropa seit längerem unwiderruflich etabliert. Allmählich entstand zunehmender Widerstand gegen die bürgerliche Vormacht. Verschärft wurde der Klassenkampf durch die um etwa 1873 einsetzende schwere Krise des industriellen Zyklus. Das Bürgertum ging in Abwehrstellung, die liberalen Konzepte verloren an Glaubwürdigkeit. In dieser Situation erwies sich der Sozialdarwinismus als eine mögliche Antwort auf die Emanzipationsforderungen der ausgebeuteten sozialen Gruppen. Als Legitimations-»Theorie« eignete sich der Sozialdarwinismus erst recht für die imperialistischen Praktiken der Europäer in den überseeischen Gebieten. Wenn man es nicht allzu genau mit der Darwinschen Lehre nahm, so konnten mit ihr die Ungerechtigkeiten der Gesellschaft sanktioniert werden: die Herrschaft der Starken über die Schwachen, der Konkurrenzkampf aller gegen alle, selbst die Kriege. Huxley macht einen »mörderischen Daseinskampf« zu einem Grundelement menschlichen Lebens, und entsprechend beschreibt er die Geschichte der

Menschheit: »Wie unter den Tieren so sind auch unter den Urmenschen die schwächsten und dümmsten zum Kukkuck gegangen, und haben die zähesten und schlausten, die am tauglichsten dazu waren, ihren äußeren Verhältnissen die Spitze zu bieten, nicht aber die besten in irgend welchem anderen Sinne, überlebt. Das Leben war eine beharrliche Rauferei, und jenseits der begrenzten und vorübergehenden Familienbeziehungen war Hobbes' Krieg aller gegen alle der regelrechte Daseinszustand«[8].

Beim heutigen Stand anthropologischer und ethnologischer Forschung muten uns solche Schilderungen der ersten Entwicklungsstufen menschlichen Zusammenlebens abstrus an. Sich jedoch damals gegen den Sozialdarwinismus zu stellen, bedeutete weitgehende wissenschaftliche Isolierung. Kropotkin war zwar nicht der einzige, der einer sozialdarwinistischen Betrachtungsweise widersprach, er tat es allerdings am umfassendsten. Zu betonen ist jedoch, daß er sich nicht ideologiekritisch mit dem Sozialdarwinismus auseinandersetzte. Kropotkin akzeptierte die Evolutionstheorie Darwins als »wissenschaftliche« Grundlage für die Analyse des menschlichen Zusammenlebens, modifizierte aber einerseits den Begriff »Kampf ums Dasein« und stellte diesem andererseits einen zweiten, ebenso wichtigen Faktor der Entwicklung gegenüber: die gegenseitige Hilfe. Wie die Sozialdarwinisten übertrug er den (stark abgewandelten) naturgeschichtlichen Evolutionsprozeß auf die Humangeschichte.

Bei der Modifikation des Ideologems »Kampf ums Dasein« stützte sich Kropotkin in erster Linie auf Darwin selbst. In dem Aufsatz »The Theory of Evolution and Mutual Aid« aus dem Jahre 1910 analysierte Kropotkin den »Kampf ums Dasein« als Entwicklungsfaktor. Darwin hatte den Begriff von Thomas Robert Malthus (1766-1834) übernommen, welcher der Utopie sozialer und politischer Gerechtigkeit des Frühanarchisten William Godwin (1756-1836) sein pessimistisches Bevölkerungsgesetz gegenüberstellte. Darwin verwendet den »Kampf ums Dasein« jedoch in einer vielfältigeren Weise. In seinem ersten Hauptwerk, »Die Entstehung der Arten«, versteht er darunter einen Kampf »entweder zwischen Individuen derselben oder verschiedener Arten oder zwischen Individuen und äußeren Lebensbedingungen«[9]. Die Betonung liegt hier auf dem Kampf unter den Individuen der gleichen Art. Kropotkin kritisiert diese Auffassung und weist nach, daß auch Darwin im Laufe seines Lebens von ihr abgerückt ist. Kropotkin (1910, S. 87) schreibt: »Der Kampf ums Dasein schließt einen erbitterten Krieg innerhalb von Stämmen oder Gruppen aus; er kann kein Kampf um individuelle Vorteile sein. Es muß sich dabei um einen vereinten Kampf der Gruppe gegen ihre gemeinsamen Feinde und gegen widrige Umwelteinflüsse handeln«. In den meisten Fällen kann nach Kropotkin beim Geschehen in der Natur von einem eigentlichen Kampf gar nicht gesprochen werden: »Eine Art unterliegt, nicht weil sie von der anderen Art vernichtet oder ausgehungert wird, sondern weil sie sich selbst neuen Bedingungen nicht gut anpaßt, während die andere es tut.« (1902a, S. 73)

Die gegenseitige Hilfe als Entwicklungsfaktor

Darüber hinaus modifiziert Kropotkin die Darwinsche Entwicklungslehre dahingehend, daß er eine *Erweiterung der Konzeption von den Entwicklungsfaktoren* vornimmt. Auch bei Darwin kommt neben dem Kampf ums Dasein durchaus soziales Verhalten vor, wie die folgende Stelle belegt: »Die gewöhnlichste gegenseitige Hilfe höherer Tiere besteht darin, daß sie mit Hilfe der vereinigten Sinne aller einander vor Gefahr warnen... Soziale Tiere leisten einander viele kleine Dienste: Pferde benagen einander, und Kühe lecken einander an jeder juckenden Stelle; Affen suchen einander Schmarotzer ab... Tiere leisten sich auch noch wichtigere Dienste: so jagen Wölfe und andere Raubtiere truppweise und helfen einander beim Angriff; Pelikane fischen in Gemeinschaft... soziale Tiere verteidigen sich gegenseitig«[10]. In die Reihe dieser Beispiele stellt Darwin auch den Menschen, den er als ein »soziales Tier« bezeichnet.

Die Grundlage der tierischen und menschlichen Soziabilität ist nach Darwin eine biologische. Er nimmt einen Instinkt der gegenseitigen Hilfe an und nennt ihn »den permanenten Instinkt, der in allen geselligen Tieren, darunter auch natürlich im Menschen, beständig in Tätigkeit ist« (zit. nach Kropotkin 1922, S. 16) Dieser Instinkt der gegenseitigen Sympathie tritt bei den geselligen Tieren öfter zutage als der rein egoistische Selbsterhaltungstrieb. Den Begriff »Instinkt« versteht Darwin offenbar nicht im heute üblichen, rein biologischen Sinne, denn er hebt an anderer Stelle soziale Komponenten wie die »elterliche und kindliche Zuneigung« hervor, »die augenscheinlich die Basis der sozialen Instinkte bildet«[11].

Darwins Ansätze zu einer Interpretation des menschlichen Verhaltens als eines kooperativen weitet Kropotkin zu einer *Theorie der gegenseitigen Hilfe als Entwicklungsfaktor* aus, die nicht allein für die Natur, sondern auch für den menschlichen Bereich Gültigkeit hat. Somit sind mit gegenseitiger Hilfe zwei Sachverhalte gemeint: 1. Neben dem Kampf ums Dasein ist bei der Entwicklung der Arten »gegenseitige Hilfe und gegenseitige Unterstützung« ein »Faktor von größter Wichtigkeit für die Erhaltung des Lebens und jeder Spezies, sowie ihrer Fortentwicklung.« (1902a, S. 13) 2. Gegenseitige Hilfe und Unterstützung sind von größter Bedeutung »in der Geschichte des Menschen, für die Entwicklung seiner fortschrittlichen sozialen Institutionen« (1902a, S. 10).

Kropotkin verneint den Kampf ums Dasein im Darwinschen Sinne nicht, doch mißt er dem Faktor der gegenseitigen Hilfe einen überragenden Einfluß zu. Über das Verhältnis der beiden Faktoren heißt es bei Kropotkin: »Ohne irgendwie zu leugnen, daß die große Mehrzahl der Tiere sich von Arten, die zu anderen Kategorien der Tierwelt gehören, oder von schwächeren Arten derselben Kategorie nährt, wies ich darauf hin, daß der Kampf in der Natur sich meist auf den Kampf zwischen verschiedenen Arten beschränkt, daß aber innerhalb jeder Art, und sehr oft auch innerhalb der aus verschiedenen Arten zusammengesetzten, gemeinsam lebenden Gruppen die gegenseitige Hilfe allgemeine Regel ist. Und deshalb spielt die gesellschaftliche Seite des Tierlebens eine viel wichtigere Rolle im Leben der Natur als die gegenseitige Vernichtung... Die gegenseitige Hilfe ist eine in der Natur vorherrschende Tatsache.« (1922, S. 15)

Ähnlich wie bei Darwin bleibt auch bei Kropotkin der Ursprung des Entwicklungsfaktors »gegenseitige Hilfe« undeutlich: Kropotkin spricht von einem »Solidaritäts- und Sozialtrieb« (1902a, S. 16), von »Instinken der gegenseitigen Unterstützung – erworben und vererbt in einer ungeheuer langen Entwicklung« (1902a, S. 19). In »Gegenseitige Hilfe in der Tier- und Menschenwelt« weist Kropotkin selber auf das Problem hin: »Erst wenn wir das Tatsachenmaterial für die gegenseitige Hilfe bei den verschiedenen Tierklassen gesammelt und die Bedeutung dieser Hilfe für die Entwicklung klargestellt haben, werden wir untersuchen können, was in der Entwicklung der sozialen Gefühle auf Elterngefühle oder auf reinen sozialen Trieb zurückzuführen ist... Ich richte also mein Hauptaugenmerk darauf, vor allem die Bedeutung der gegenseitigen Hilfe als Entwicklungsfaktor nachzuweisen, und überlasse es späterer Forschung, den Ursprung des Instinkts der gegenseitigen Hilfe aufzuklären.« (1902a, S. 14f.)

Etwa zwanzig Jahre nach der Publikation von »Mutual Aid« unternahm Kropotkin den (heutigen wissenschaftlichen Ansprüchen nicht genügenden) Versuch, genauere Angaben über den Ursprung der gegenseitigen Hilfe zu machen, vor allem indem er eine Abgrenzung dieses Instinkts von anderen Instinkten vornimmt. Über das Verhältnis von geselligen Instinkten einerseits und *elterlichen sowie brüderlichen* Instinkten andererseits heißt es: »Aller Wahrscheinlichkeit nach wäre es richtiger, die geselligen und elterlichen sowie brüderlichen Instinkte als zwei engverbundene Triebe zu betrachten, wobei der erste, der Geselligkeitstrieb, sich früher als der zweite entwickelt haben mag und deshalb auch stärker ist als dieser; heute jedoch entwickeln sie sich nebeneinander weiter in der allgemeinen Evolution des Tierreiches. Die Entwicklung beider wurde gewißlich durch die natürliche Auslese gefördert, welche, wenn sie einander widersprachen, das Gleichgewicht zwischen ihnen herstellte und so das Wohl der ganzen Art begünstigte.« (1922, S. 34)

Auch im Vergleich zum persönlichen Instinkt, dem *Selbsterhaltungstrieb*, mißt Kropotkin dem Sozialtrieb größeres Gewicht bei. Wiederum stimmt er Darwin zu, der den geselligen Trieb für stärker, beharrlicher und beständiger hielt als den Selbsterhaltungstrieb. Bei einer genaueren Beobachtung des Geschehens in der Natur sei es offensichtlich, daß das Überleben bzw. die Weiterentwicklung einer Art nicht von einem stark ausgeprägten Selbsterhaltungstrieb abhänge. Entscheidend für das Überleben im Daseinskampf sei die Ausprägung der gegenseitigen Hilfe (vgl. 1922, S. 38). An dieser Stelle weist Kropotkin darauf hin, daß ein derartiges Verhältnis von gegenseitiger Hilfe und Selbsterhaltungstrieb auch für die Geschichte der Menschheit Gültigkeit habe. Das Zusammenwirken von geselligen und egoistischen Strebungen im menschlichen Verhalten bildet für Kropotkin die anthropologische Grundlage, um die alte Frage nach der Relation zwischen Individuum und Gemeinschaft zu klären. Kropotkin mißt dem Geselligkeitstrieb zwar eine gewisse Priorität bei, doch in der Natur existiere beides: Geselligkeits- *und* Individualitätsstreben. Kooperation und Selbstbehauptung gehen eine stetig sich wandelnde Verbindung ein. Wie zu zeigen sein wird, bilden Sozialität und Individualität für Kropotkin die sich wechselseitig ergänzenden Konstitutionsbedingungen einer freien Gesellschaft.

Gegenseitige Hilfe in der Natur- und Humangeschichte

Um die These von der gegenseitigen Hilfe als bedeutendem Faktor in der Entwicklung der Arten zu verifizieren, trägt Kropotkin in »Mutual Aid« eine Fülle von Material zusammen, das eindrücklich *das Vorhandensein und die Bedeutung der gegenseitigen Hilfe in der Tier- und Menschenwelt* zeigt. Seine Materialsammlung belegt die gegenseitige Hilfe in der Natur- und Sozialgeschichte, bei den Tieren (z. B. Ameisen, Bienen, Kraniche, Affen), bei den »Wilden« (z. B. Australier, Eskimos), bei den »Barbaren« (z. B. Dorfmarkgenossenschaften), in der Stadt des europäischen Mittelalters sowie in der Zeit Kropotkins.

Bei der Ausbreitung des Materials, welches das Vorhandensein gegenseitiger Hilfe in der Menschheitsgeschichte dokumentiert, untersucht Kropotkin auch eine Reihe von Sachverhalten, die von den Sozialdarwinisten zur Beweisführung ihrer Thesen herangezogen wurden, so die Frage nach der Bedeutung der Familie und von anderen verwandtschaftlichen Strukturen bei der Entstehung von Gesellschaften, das Problem des Kindermordes sowie des Kannibalismus. Um die Gedankengänge Kropotkins zu veranschaulichen, soll im folgenden die Auseinandersetzung um die erste Frage skizziert werden.

Huxley und die übrigen Sozialdarwinisten wollten nur innerhalb der »begrenzten und vorübergehenden Familienbeziehung« eine Milderung des »Krieges aller gegen alle« durch soziale Verhaltensweisen, deren Existenz sie ja nicht leugnen konnten, gelten lassen. Diese kleinen isolierten Familien seien wie Raubtierfamilien umhergestreift und hätten sich gegenseitig bekämpft. Unter Hinweis auf die Ergebnisse einer ganzen Reihe von Wissenschaftlern seiner Zeit (Bachofen, Morgan, Lubbock u. a.) widerlegt Kropotkin Huxleys These. Er begreift *die Familie* nicht als die ursprüngliche, der Natur am nächsten stehende Organisation des menschlichen Zusammenlebens, sondern als eine historisch entstandene Form. Die paläo-ethnologischen Forschungen zeigen nach Kropotkin eindeutig, daß die Menschen immer in Gesellschaften zusammengelebt haben. Eine äußerst langsame und lange Entwicklung führte zur Gentil- und Clanorganisation und erst später zur Familie als sozialem Rahmen menschlichen Lebens. Kropotkin stellt auch hier eine enge Verknüpfung von Natur- und Sozialgeschichte her: Wie die frühen menschlichen Gemeinschaften leben auch alle höheren Säugetiere nicht in Familien, sondern Gesellschaften, Horden oder Stämmen. Aus der Tatsache, daß die in Isolation lebende Familie ein spätes Produkt der historischen Entwicklung ist, folgert Kropotkin – im Sinne einer Bestätigung seiner These von der gegenseitigen Hilfe als Entwicklungsfaktor –, daß es nicht die innerfamiliären Beziehungen (Eltern-, Geschwisterliebe u.ä.) sein können, die den Kampf aller gegen alle mildern. Ein nicht-feindliches bzw. solidarisches Verhalten muß demnach viel tiefer in der menschlichen Natur verankert sein; es ist Ausdruck einer fundamentalen Geselligkeit und gegenseitigen Hilfe.

Um den Rahmen dieser Einführung nicht zu sprengen, seien hier aus dem historischen Material exemplarisch einige *Grundgedanken zur gegenseitigen Hilfe in der mittelalterlichen Stadt* referiert, nicht zuletzt auch deshalb, weil diese historische Analyse für die Herausbildung von Kropotkins Konzeption des kommunistischen Anarchismus von Bedeutung ist. Zusammenfassend schreibt er, daß die mittelalterliche Stadt »nicht bloß eine politische Organisation zum Schutz gewisser politischer Freiheiten war. Sie war ein Versuch, in viel großartigerem Maße als in der Dorfmark, einen engen Verband zu gegenseitiger Hilfe und Beistand zu organisieren, für Konsum und Produktion und für das gesamte soziale Leben, ohne den Menschen die Fesseln des Staates aufzulegen, sondern unter völliger Wahrung der Freiheit für die Äußerungen des schöpferischen Geistes einer jeden besonderen Gruppe von Individuen.« (1902a, S. 176 f)

Während der Völkerwanderungszeit wurden neue Organisationsformen für das Zusammenleben notwendig; in der Dorfmark entwickelte sich eine Lebensform, deren Funktionsweise vorwiegend auf dem Prinzip der gegenseitigen Hilfe beruhte. Kropotkin betont, daß diese Form des Zusammenlebens nicht nur in der Geschichte der Slawen und Germanen zu finden sei, sondern daß sie als typisch für eine bestimmte Entwicklungsstufe der Menschheit gelten müsse. Zur Unterstützung dieser These trägt er ethnologisches Material aus der ganzen Welt zusammen[12]. Die mittelalterliche Stadt betrachtet er als eine direkte Fortsetzung der Dorfmarken. Wie nicht selten bei seinen historischen »Beweisführungen« wird man auch hier sagen müssen, Kropotkin seien die geschichtlichen Fakten nicht ausreichend bekannt gewesen oder er habe sie im Hinblick auf seine Hypothese fehlinterpretiert: Ein Großteil der mittelalterlichen Städte ging aus fürstlichen Gründungen hervor und hatte ältere Ursprünge, z. B. Sitz des Bischofs. Auch was Kropotkins Darlegungen zu den Dorfmarken betrifft, sind aufgrund heutiger Erkenntnisse Einschränkungen notwendig.

Nach Kropotkins Darstellung kam es in den mittelalterlichen Städten zu einer Entfaltung des sozialen Lebens, als es ihnen gelang, sich von der feudalen und klerikalen Herrschaft zu befreien. Zwei Faktoren erwiesen sich für die *Funktionsweise der mittelalterlichen Städte* als grundlegend: die eigene Gerichtsbarkeit (politische Freiheit) und die Selbstverwaltung (auf der Grundlage demokratischer Entscheidungsprozesse und gegenseitiger Hilfe). Die politische Struktur der mittelalterlichen Städte war in einer zweifachen Weise dezentralisiert. Zum einen gab es die »privaten« Verbindungen auf der Grundlage territorialer Einheiten (Stadtviertel und -sektionen). Überlagert wurden diese durch wirtschaftliche bzw. berufliche Zusammenschlüsse: die Gilden. Diese beschreibt Kropotkin als Modellorganisationen gegenseitiger Hilfe. Sie stellen Zusammenschlüsse dar, die aufgrund eines gemeinsamen Interesses, einer gemeinsamen Unternehmung entstanden; oftmals waren sie zeitlich begrenzte Verbindungen. Grundlegend war die Gleichheit aller Beteiligten, die in eigener Initiative eine Ordnung konstituierten. Die »Behörden«, die dabei eingesetzt wurden, hatten vorübergehende Mandate. Die Gilden übernahmen soziale Funktionen (gemeinsame Verwaltung des Eigentums, Hilfeleistung in Notsituationen, Beistandspflicht). Den Unterschied zu späteren staatlichen Organisationen betont Kropotkin, indem er in bezug auf die Gilden von »einem humanen, brüderlichen Element anstatt des formalen« (1902a, S.168) spricht.

Daß Lebensformen wie die mittelalterlichen Gilden bzw. die städtischen Kommunen eine bessere Grundlage für menschliches Zusammenleben bedeuten, leitet Kropotkin nicht allein aus der Auffassung ab, daß hier ein Mehr an Gerechtigkeit und Freiheit zu finden sei, sondern auch aus der Tatsache, daß von den mittelalterlichen Städten ein erheblicher *Beitrag zur Entwicklung der menschlichen Zivilisation* ausging. Das Handwerk, die Künste und die Wissenschaften erfuhren in den spätmittelalterlich-frühneuzeitlichen Städten einen großen Aufschwung. Bemerkenswert ist dabei, daß Kropotkin für diese Blüte nicht technische oder intellektuelle Fähigkeiten geltend macht, sondern das freiheitliche und vielfältige Sozialleben.

Aufschlußreich für Kropotkins Denken sind auch seine Bemerkungen zum *Niedergang der mittelalterlichen Städte*. Er verweist auf äußere Faktoren (z.B. das Entstehen mächtiger Staaten mit starken Zentralgewalten), hebt jedoch die Bedeutung systemimmanenter Widersprüche hervor: Der Anspruch auf Gleichheit aller Gruppen wurde nicht eingelöst, unterschied man doch beispielsweise zwischen »Bürgern« und »Einwohnern«. Die alleinige Betonung von Handel und Industrie sowie die Vernachlässigung der Landwirtschaft führte zu einem Gefälle zwischen der Stadt und dem sie umgebenden Land und zu einer repressiven Politik gegenüber den Bauern. Auffallend ist, daß Kropotkin hier eine Ungleichheit der Geschlechter unerwähnt läßt: Eine Egalität von Mann und Frau bestand in den mittelalterlichen Städten nicht, allein stimmberechtigt waren die Männer. Diese Ungleichheiten, diese massiven Einschränkungen basisdemokratischer Prinzipien verhinderten nach Kropotkin die vollständige Entwicklung eines freien Zusammenlebens auf der Grundlage gegenseitiger Hilfe; sie waren auch mitverantwortlich dafür, daß die Städte dem aufkommenden Absolutismus keinen nachhaltigen Widerstand entgegensetzen konnten. Daß sich jedoch die mittelalterliche Stadt – trotz der sie umgebenden sozialen Ungerechtigkeiten und politischen Repressionen des Feudalsystems – derart intensiv und anhaltend als blühendes Sozialwesen entfalten konnte, schreibt er der weitgehenden Verwirklichung von gegenseitiger Hilfe zu.

Die Städte des europäischen Mittelalters sind für Kropotkin exemplarische Konkretisierungen menschlicher

Kooperationsbereitschaft und Kooperationsfähigkeit, also der zentralen Elemente seiner Anthropologie. Mit dem Niedergang der mittelalterlichen Städte ist jedoch die gegenseitige Hilfe als Faktor der Sozialgeschichte keineswegs verschwunden. Trotz der zunehmenden staatlichen Gewalt lebt in gewissen Bereichen der Gesellschaft die gegenseitige Hilfe fort – in nichtinstitutionalisierter Form (Nachbarschaftshilfe in den Arbeitervierteln etc.) und auch in gewissen Institutionen (Arbeitergruppierungen, Genossenschaften, Lebensrettungsgesellschaften usw.). Sie alle sind Zeugen für eine tiefe Verankerung gegenseitiger Hilfe in der menschlichen Gesellschaft.

Exemplarische Konkretisierung sind die mittelalterlichen Städte für Kropotkin aber auch noch in einer anderen Weise: Sie sind Veranschaulichung der Utopie eines kommunistischen Anarchismus. Die Elemente, die wir bei der Darlegung seiner Anarchie-Konzeption wieder antreffen werden, betont er bereits bei den mittelalterlichen Städten: basisdemokratische Selbstverwaltung, Gleichberechtigung, Dezentralisierung, zeitliche Begrenztheit soziokultureller Institutionen, soziale Vernetzung, Mannigfaltigkeit des sozialen Lebens, die Bedeutung spontan-emotionaler zwischenmenschlicher Beziehungen anstelle von formalisierten Ordnungsstrukturen.

Auch wenn betont werden muß, daß in vielen städtischen und dörflichen Gemeinwesen des Mittelalters tatsächlich »alternative gesellschaftliche Gestaltungsprinzipien« sichtbar werden[13], so kommt man nicht umhin, von idealisierenden Neigungen Kropotkins zu sprechen. Die Stadt des Mittelalters war ein Experimentierfeld neuer Lebensweisen, neuer Formen von Herrschaft, Recht, Politik usw. Was dabei jedoch entstand, waren gerade auch Formen von Staatlichkeit – von der Zunftdemokratie über verschiedene Formen der Oligarchie bis hin zur Tyrannis. Kropotkins Interpretation der mittelalterlichen Stadt steht zwischen der empirischen Aufarbeitung geschichtlicher Tatsachen mit dem Ziel der Beweisführung für die Theorie der gegenseitigen Hilfe einerseits und der Projektion gewisser Elemente seiner sozialen Utopie zum Zwecke ihrer Veranschaulichung andererseits.

Diese Feststellung gilt für Kropotkins Darstellung des Gemeinschaftslebens in der mittelalterlichen Stadt. Sie auf seine Theorie der gegenseitigen Hilfe als Entwicklungsfaktor auszuweiten, entbehrt einer ausreichenden Grundlage. Gerade die sorgfältige Sammlung und Auswertung von ethnologischem und frühgeschichtlichem Material läßt »Mutual Aid« zum »zweifellos einflußreichsten Werk« der Diskussion über die Thematik der Kooperation im frühen 20. Jahrhundert werden, wie Robert A. Nisbet in der »International Encyclopedia of the Social Sciences« vermerkt[14]. Diese Bedeutung hat das Werk nicht bis in die heutige Zeit behalten, auch wenn namhafte Wissenschaftler es weiterhin hochschätzen[15].

Eine *Kritik von Kropotkins Theorie der gegenseitigen Hilfe als Entwicklungsfaktor* muß in erster Linie auf der erkenntnistheoretischen Ebene einsetzen. »Zu kritisieren ist an Kropotkins Konzeption der gegenseitigen Hilfe, daß sie ebenso wie der zu Recht kritisierte Sozialdarwinismus mit dem Anspruch einer Naturwissenschaft auftritt. Gegenseitige Hilfe ist nicht wie eine physikalische Gesetzmäßigkeit beweisbar. Zu vieles am menschlichen Verhalten ist von sozio-historischen Bedingungen abhängig. Zwar stellt auch Kropotkin die Sozialisation und die historischen Bedingungen für bestimmte soziale Verhaltensweisen in

Rechnung, reflektiert aber nicht grundsätzlich auf das Verhältnis von natürlicher Anlage und sozialer Umwelt. So trifft das gängige Argument aus der Anthropologiekritik auf die Konzeption der gegenseitigen Hilfe zu, daß die vermeintlich ›wesensmäßigen‹ Verhaltensstrukturen die unhistorische Verabsolutierung eines bestimmten, sozio-historisch bedingten Verhaltens darstellen.« (Cantzen 1987, S. 23) Diese Kritik entzieht der Kropotkinschen Anthropologie nicht grundsätzlich den Boden. Seine Überzeugungen von einer fundamentalen Kooperationsbereitschaft des Menschen ist – wie wissenschaftliche Arbeiten aus der neueren Zeit belegen[16] – nicht überholt.

Mit der Modifikation des Begriffs »Kampf ums Dasein« und mit der Theorie der gegenseitigen Hilfe als Entwicklungsfaktor sind nur zwei Aspekte von Kropotkins Anthropologie dargestellt. Sie sind jedoch so zentral und für seine politischen, ökonomischen und ethischen Überlegungen derart bedeutungsvoll, daß die Beschränkung auf sie durchaus gerechtfertigt ist. Bei einer vertieften Auseinandersetzung mit Kropotkins Werk muß u.a. auch seine Nichtbeachtung all jener Aspekte des menschlichen Seins berücksichtigt werden, welche die Existenz des Menschen als Einschränkungen beeinflussen, wie z.B. die »Domination« des Kindes durch die – aufgrund des Lebenszyklus – »stärkeren« Eltern. Diese Einschränkungen erfolgen, bevor irgendeine Staatlichkeit wirksam wird – jene Institution also, auf welche nach Kropotkin jegliche Restriktion der menschlichen Freiheit zurückzuführen ist.

Im gleichen Zusammenhang wäre auch seine Stellungnahme zum *Verhältnis der Geschlechter* zu diskutieren. Mit Bakunin und anderen Anarchisten – im Gegensatz jedoch zu Proudhon – spricht sich Kropotkin zwar für eine

Gleichberechtigung und Emanzipation der Frau aus, in der Konkretisierung dieser Forderung allerdings zeigt er eine erhebliche Begrenztheit seiner Vorstellungskraft (vgl. Cantzen 1987, S. 148 ff). Diese Ignoranz ist um so gravierender, als die Diskussion der »Geschlechterfrage« schon weit vor seiner Zeit ein hohes Niveau erreicht hatte. Es gehört zu einer gewissen Widersprüchlichkeit von Kropotkins Denken, daß er auf der theoretischen Ebene die Frauen in seinen Überlegungen kaum berücksichtigt, in seiner Autobiographie aber mit großem Respekt z. B. von ihrer Bedeutung für die russische Reformbewegung der siebziger Jahre des 19. Jahrhunderts schreibt (1899b, S. 303 ff).

2. Eine solidarische Ethik: Geselligkeit – Gerechtigkeit – Sittlichkeit

Eines der vielen Stereotype in bezug auf den Anarchismus besteht in der Unterstellung eines schrankenlosen Amoralismus. Von einer politisch-philosophischen Theorie, die jegliche Herrschaft über Menschen ablehne, sei – so das gängige Klischee – doch kein Akzeptieren von Gesetzen bzw. sittlichen Grundsätzen zu erwarten. Ein Mensch, der keine übergeordnete Instanz, sei es ein göttliches Wesen, eine absolute Idee oder eine politische Autorität, anerkenne, werde sich auch nicht an ethische Normen halten. Tatsächlich ist es undenkbar, daß ein wirklich anarchistischer Denker eine normative Ethik ausarbeitet, die bestimmte Verhaltensweisen vorschreibt, liegt es doch gerade in der von den Anarchisten betonten Freiheit des einzelnen Menschen, über sein Handeln letztlich selbst zu entscheiden. Trotz dieser Einschränkung für eine anarchistische Ethik findet sich gerade bei Kropotkin ein intensives Nachdenken über sittliche Fragen. Zeitlebens beschäftigte ihn dieser Gegenstand. Einige der Publikationen, die er diesem Thema widmete, gehören zu seinen populärsten: »Aux jeunes gens« (1880), »Gerechtigkeit und Sittlichkeit« (ein Vortrag aus dem Jahre 1888), »La morale anarchiste« (1890). Vor allem in den letzten Jahren seines Lebens beschäftigte er sich hauptsächlich mit der systematischen

Ausarbeitung einer anarchistischen Ethik. Vollendet wurde von dem auf zwei Bände geplanten Werk jedoch lediglich der größte Teil des ersten Bandes: »Ursprung und Entwicklung der Sittlichkeit«. Vom zweiten Teil, der sich mit den »Grundlagen und Zielen der realistischen Ethik« beschäftigen sollte, sind nur einige Skizzen vorhanden. Der 1922 von N. Lebedeff in russischer Sprache herausgegebene erste Band der »Ethik« enthält Kropotkins metaethische Überlegungen sowie seine Darstellung der Geschichte des ethischen Denkens von den »primitiven Völkern« bis zum Ende des 19. Jahrhunderts.

Historische Voraussetzungen ethischen Denkens

Wenn Philosophen sich immer wieder veranlaßt sehen, neue ethische Konzepte zu entwerfen, so hat dies seinen Grund zweifellos darin, daß die jeweils neuen Stadien der historischen Entwicklung neue ethische Fragestellungen nach sich ziehen, dem ethischen Denken neue Grundlagen geben und nach neuen Lösungen in den Belangen der Sittlichkeit verlangen. In den ersten Kapiteln seiner »Ethik« stellt Kropotkin die Voraussetzungen für ethisches Denken in *seiner* Zeit dar. Als erstes nennt er eine materielle Voraussetzung: In all den vorangegangenen ethischen Konzepten ging es um sittliches Verhalten der Menschen unter den Bedingungen einer Existenzsicherung, welche vom Mangel von Gütern bestimmt war. Gegen Ende des 19. Jahrhunderts erreicht die kapitalistisch-industrielle Produktion ein derartiges Niveau, daß von einer *Überflußgesellschaft* gesprochen werden könnte. Diese Tatsache verändert die Voraussetzungen für sittliches Verhalten grundlegend. Das für viele bisherige ethische Konzeptionen maßgebende Streben nach dem größten Glück der größten Anzahl von Menschen ist unter den Bedingungen in Kropotkins Zeit nicht mehr allein ein Wunschtraum; menschliches Glück bleibt keine sittliche Forderung, sondern bedeutet eine realisierbare Möglichkeit. Ein Element dieses Glücks besteht in der durch die Technik ermöglichten Befreiung von einer die meisten Menschen ausbeutenden, sklavischen Arbeit. In einer realistischen Einschätzung der ökonomischen Möglichkeiten betont Kropotkin, daß dieser Wohlstand aller Menschen nicht die Unterdrükkung und Ausbeutung einzelner gesellschaftlicher Klassen oder ganzer Völker zur Voraussetzung haben müsse. Somit wären elementare Voraussetzungen gegeben, soziale Gerechtigkeit – wie wir sehen werden: ein zentraler Begriff in Kropotkins ethischem Denken – zu verwirklichen. Kropotkin ist selbstverständlich bewußt, daß trotz enorm gesteigerter ökonomischer Möglichkeiten die Wirklichkeit um die Jahrhundertwende eine andere ist: die sozioökonomischen Verhältnisse sind derart, daß für den größten Teil der Menschen keineswegs von Überfluß und sozialer Gerechtigkeit die Rede sein kann. Die Lösung wichtiger sozialer Fragen erachtet er daher als vordringliches Ziel einer neu zu schaffenden Ethik (1921, S. 5).

Das kapitalistisch-industrielle System hat nicht nur die Möglichkeit einer Überflußgesellschaft und gleichzeitig krasse soziale Ungleichgewichte hervorgebracht; eine Reaktion auf diese gesellschaftliche Ordnung ist auch die mächtige *soziale Bewegung* in ihren verschiedenen Formen. Diese Bewegung der Arbeiterschaft und gewisser Teile anderer sozialer Schichten mit ihrem intensiven Bemühen um soziale Gerechtigkeit bildet eine weitere Voraussetzung für das ethische Denken Kropotkins.

Im weiteren ist darauf hinzuweisen, daß in vielen bisherigen Sittlichkeitslehren die Zuhilfenahme religiöser Grundsätze für die Bestimmung menschlicher Moralität eine Selbstverständlichkeit war. Die Ergebnisse der *Religionskritik* der Aufklärung und der kritischen Philosophie des 19. Jahrhunderts jedoch ließen die Religion als maßgebliche Instanz ethischer Überlegungen nicht mehr tauglich erscheinen. Diese Voraussetzung ist für die Zeit Kropotkins zwar nicht neu, doch sie war wohl nie zuvor in einem so radikalen und tiefgreifenden Maße gegeben. Friedrich Nietzsche wird zwei Jahre nach Kropotkin geboren, und die endgültige Fassung seiner »Fröhlichen Wissenschaft«, die den für die Zeit symptomatischen Satz »Gott ist tot« enthält, erscheint kurz bevor Kropotkin seinen Vortrag über »Gerechtigkeit und Sittlichkeit« hält. Die Religion ist endgültig nicht mehr die Lehrerin der philosophischen Ethik, auch wenn gesagt werden muß, daß sich gerade zu Kropotkins Zeiten erneut gegenläufige Tendenzen Geltung zu verschaffen suchen und auch gefördert werden.

Auf der anderen Seite sind in der *wissenschaftlichen Forschung*, insbesondere in der Anthropologie, der Soziologie und der Biologie, derartige Fortschritte erzielt worden, daß Kropotkin und seinen Zeitgenossen ein umfangreiches Material zur Verfügung stand, um ihre Ethik wissenschaftlich zu begründen. Daher betont Kropotkin u.a. die von Darwin begründete Evolutionstheorie als Voraussetzung für eine neue Ethik. Wie im Zusammenhang mit seinem anthropologischen Konzept weist Kropotkin immer wieder auf die entscheidende Bedeutung des Darwinismus – allerdings in der von ihm und anderen modifizierten Form – für die Ausarbeitung einer neuen Ethik hin.

Diese veränderten soziokulturellen Bedingungen verlangen nach einer Neuformulierung der Grundlagen der Sittlichkeit, vor allem wenn man die von Kropotkin festgestellte Tatsache in Rechnung stellt, im ethischen Denken seien weit weniger Fortschritte erzielt worden als in der übrigen soziokulturellen Entwicklung. Der endgültige Durchbruch des naturwissenschaftlichen Denkens im Laufe des 19. Jahrhunderts verlange nach einer *wissenschaftlich begründeten Ethik*, nach einer »realistischen Ethik«, wie Kropotkin sie auch nennt.

Metaethische Überlegungen

Kropotkins realistische Ethik unterscheidet sich von vielen anderen ethischen Entwürfen dadurch, daß er ihr nicht einen außernatürlichen bzw. außermenschlichen Maßstab zur Beurteilung des guten und gerechten Handelns zugrundegelegt, sondern diesen *Maßstab aus der Natur* selbst beziehen will. In der Natur (und Kropotkin bezieht hier den Menschen mit ein) ist die Unterscheidung von gut und böse unschwer zu treffen nach der Maßgabe der natürlichen Bedürfnisse, der Erhaltung der Rasse und folglich der möglichst großen Wohlfahrt jedes einzelnen Individuums. Kropotkin räumt jedoch ein, daß der Begriff des Guten und Schlechten einer gewissen Relativität unterworfen ist, er ändert sich »je nach der Stufe der Intelligenz und des gesammelten Wissens« (1890, S. 16). Doch für

Kropotkin geht es nicht darum, als »gut« qualifiziertes Handeln mit Hilfe von Normsätzen vorzuschreiben. Es geht darum, menschliches Handeln zu beobachten, einzuschätzen und – vor allem – zu erklären; Ethik bedeutet für Kropotkin denn auch »*Wissenschaft von den sittlichen Antrieben*« (1922, S.11) oder anders ausgedrückt: die Ethik erforscht »die natürlichen Quellen des sittlichen Gefühls« des Menschen (1922, S.8).

Kropotkin nimmt eine Differenzierung der Gefühle und Motivationen vor, deren Herkunft eine wissenschaftliche Ethik zu untersuchen hat:

- Welche Mechanismen ermöglichen dem Menschen, einen Ausgleich zwischen seinen gegensätzlichen Antrieben (einem egoistischen und einem geselligen) zu schaffen?
- Weshalb bewirkt dieser Ausgleich beim Menschen innere Befriedigung und Sympathie für andere Menschen?
- Was befähigt den Menschen, das Wohlergehen anderer wie das eigene zu fühlen und zu erkennen? Handelt es sich dabei um einen Instinkt, eine Einsicht der Vernunft oder eine Nützlichkeitserwägung?
- Woher kommt das Gefühl der Verbindlichkeit, der Pflicht, der Identifizierung des eigenen Glücks mit demjenigen anderer?

Kropotkin versteht eine wissenschaftliche Ethik nicht allein beschreibend; sie soll sich durchaus auch mit der Frage beschäftigen, wie das menschliche Verhalten im Sinne einer stärkeren Sittlichkeit beeinflußt werden könnte. Die Feststellung der Motivationen des sittlichen Empfindens erlaubt die Bestimmung der wichtigsten Grundlagen der Sittlichkeit, aus denen sich »ein richtiges, d.h. zweckentsprechendes, sittliches Ideal« (1922, S.67) ableiten ließe. Denn eine wirkungsvolle Ethik bedeutet für Kropotkin nicht das Aufstellen von Normsätzen, nach denen der Mensch zu leben hätte, auch nicht die Aufzählung von Verboten, welche die negativen Folgen der menschlichen Mängel in Grenzen halten müßte. Wirkungsvoll wird Ethik, indem sie den Menschen ein Ideal gibt. Ethik muß nach Kropotkin »in positiver Richtung wirken, indem sie sich an die besten Instinkte des Menschen wendet. Sie bestimmt und erläutert einige wenige Grundlagen, ohne die weder Tiere noch Menschen in Gesellschaft leben könnten. Außerdem aber beruft sie sich auf etwas Höheres: auf Liebe, auf Mut, auf Brüderlichkeit, auch Selbstachtung, auf ein den Idealen entsprechendes Leben.« (1922, S. 24) Diese Ideale sind es, welche für das sittliche Handeln der Menschen wegweisend sind. Kropotkin betont (im Gegensatz etwa zu Kant), daß dieses Ideal – wie vollkommen und wie weit entfernt es von einer Verwirklichung auch sein mag – »dennoch der realen Welt zugehörig sein«, d. h. auf empirischem Weg gewonnen werden muß (1922, S. 13). Die *Wirkungsweise der Ethik* besteht darin, »in der Gesellschaft eine Atmosphäre zu schaffen, in der die meisten ganz impulsiv, ohne zu schwanken, gerade die Handlungen ausführen, welche zum Wohle aller und zum größtmöglichen Glück eines jeden Einzelnen führen.« (1922, S. 24 f)

Auch wenn Kropotkin an ein ethisches System den Anspruch der wissenschaftlichen Eindeutigkeit stellt, auch wenn er von einem »richtigen« sittlichen Ideal schreibt, unternimmt er nicht eine für alle Zeiten gültige Festschreibung von Sittlichkeit. Er betont, daß es kein geschlossenes, von der jeweiligen Gesellschaftsordnung unabhängiges sittliches System geben könne, »da man im Laufe der weiteren Entwicklung der Menschheit immer wieder neue, von den veränderten Lebensverhältnissen geschaffene Bestrebungen und Kräfte in Betracht ziehen muß.« (1922, S. 11)

In bezug auf die Ethik ist, was die Methode betrifft, kaum ein größerer Gegensatz denkbar als derjenige zwischen Kropotkin und Kant. Letzterem ging es um »die Festsetzung eines obersten Prinzips der Moralität«, um die Grundlegung aller Moralphilosophie in einer auf apriorischen Prinzipien beruhenden »rationalen Moral«; seine »Metaphysik der Sitten« sollte gerade nichts Empirisches enthalten. Bei Kropotkin jedoch ist die *Empirie entscheidend* für sein ethisches Konzept, und da er – im Anschluß an die Evolutionstheorie – den Menschen vorerst als Teil der Natur begreift, sucht er auch in der Natur nach den Prinzipien der Moral.

Kropotkin kritisiert bisherige ethische Theorien dahingehend, daß sie bisher den Selbsterhaltungstrieb als die stärkste Motivation des menschlichen Handelns betrachtet und deshalb eine Instanz postuliert haben, die diese Bestrebungen in ihre Schranken verweisen soll. Kropotkin dagegen erachtet den Geselligkeitstrieb und die gegenseitige Hilfe als stärker, wenn diese Antriebe sich auch nicht immer deutlich durchsetzen. Harmonie ist nicht ein von vornherein gegebener Zustand in der Natur und unter den Menschen. Eigen ist dem Menschen jedoch eine Offenheit, die ihm ermöglicht, sich in Abwägung seiner divergierenden Neigungen zu entscheiden. Eine maßgebliche Rolle schreibt Kropotkin bei dieser Entscheidung der menschlichen Vernunft zu. Diese ist jedoch nicht entscheidend für das sittliche Verhalten der Menschen; Kropotkins Ethik ist *keine Vernunftethik*. Die Motivation für menschliches Handeln ist in erster Linie eine naturbedingte, d.h. sie ist gefühls- oder triebhafter Art. Kropotkin spricht auch von »Gewohnheiten, welche unbewußt geschehen« (1890, S. 11). Die Antriebe für sittliches Handeln sind Weiterentwicklungen der Triebe und Gewohnheiten, die den geselligen Tieren eigen sind. Vernunftbedingt sind die sittlichen Begriffe des Menschen nur insoweit, als sie rationale Folgerungen aus den Beobachtungen der Natur darstellen. Der menschlichen Vernunft kommt lediglich eine unterstützende Funktion zu; Kropotkin schreibt, »daß die Verwurzelung der Geselligkeitsgefühle von dem bewußten Verständnis für die Tatsachen des geselligen Lebens, d. h. von der Verstandestätigkeit, begünstigt wurden. Und mit der Entwicklung und Bereicherung des Gemeinschaftslebens erhielt die Vernunft immer mehr Einfluß auf die sittliche Veranlagung des Menschen.« (1922, S. 178)

Kropotkin anerkennt als hauptsächliche Leistung Kants, daß er mit seiner rationalen Ethik die Auflösung der religiös bestimmten Sittlichkeitslehren förderte, doch er schließt sich Schopenhauers Urteil an, Kant habe wohl »eine Welt der Engel« im Sinne gehabt, als er die sittliche Anlage des Menschen als grundlegende Eigenschaft der Vernunft betrachtete. Empirisch sei diese bei den Menschen nicht nachzuweisen, auch nicht der freie und vernünftige Wille. Für Kropotkin zeigen die empirischen Befunde, daß es neben dem bewußten Leben ein unbewußtes gibt, über dessen Wirkungsweise der Mensch sich keine Rechenschaft ablegt und dessen Handlungen daher seinen vernünftigen Überlegungen auch nicht zugänglich sind. Kropotkin schätzt, daß »drei Viertel unserer Beziehungen zu den andern Handlungen dieses unbewußten Lebens« (1921, S. 26) gehören. Der Hintergrund dieser Überlegungen zur *unbewußten Motivation menschlichen Handelns* ist hier keineswegs die Rezeption Sigmund Freuds durch Kropotkin. Vielmehr wird erneut deutlich, wie solche Gedankengänge zur damaligen Zeit »in der Luft lagen«.

Stadien der sittlichen Entwicklung

Weder in einer Eingebung von oben noch in einem angeborenen Gefühl, noch in einem vernunftmäßig verstandenen persönlichen oder allgemeinen Vorteil liegt nach Kropotkin die Motivation für das sittliche Handeln des Menschen. Er beschreibt Sittlichkeit als »ein kompliziertes System von Gefühlen und Begriffen«, das sich in der Menschheitsgeschichte entwickelt hat. Kropotkin unterscheidet drei Stadien der Entwicklung:

1. die Geselligkeit und die gegenseitige Hilfe
2. die Gerechtigkeit im Sinne der Gleichberechtigung
3. die Generosität, das Wohlwollen, die Selbstentäußerung (die Sittlichkeit im engeren Sinne).

Diese *Stufenfolge der moralischen Entwicklung* ist nach Kropotkin keine willkürliche Setzung, sondern »eine organische Notwendigkeit, die in sich selbst ihre Rechtfertigung trägt, und die durch die ganze Entwicklung der Tierwelt, angefangen von ihren ersten Stufen (in der Form von Kolonien einfachster Lebewesen) bis hinauf zu den höchsten menschlichen Gemeinschaften, bestätigt wird. Bildlich gesprochen haben wir hier das allgemeine Weltgesetz der organischen Entwicklung: deshalb sind die Gefühle der gegenseitigen Hilfe, Gerechtigkeit und Sittlichkeit mit der ganzen Kraft angeborener Triebe tief im Menschen verwurzelt.« (1922, S. 28)

Die Darlegungen zu Kropotkins Anthropologie haben deutlich gemacht, daß Geselligkeit und gegenseitige Hilfe konstituierende Faktoren seiner Auffassung des menschlichen Seins sind. Hier sollen lediglich noch einige Hinweise auf ihre Bedeutung für das sittliche Verhalten des Menschen ergänzt werden. *Geselligkeit und gegenseitige Hilfe* haben für die lebendige Welt eine doppelte Funktion. Einerseits sind sie – als die bedeutungsvollere Ergänzung zum »Kampf ums Dasein« – Mittel zur Existenzsicherung sowohl der Gattung als auch des Individuums. Andererseits sind sie Quelle der ethischen Empfindungen und des ethischen Bewußtseins und somit ein Mechanismus zur Regelung des Zusammenlebens. Wenn Kropotkin schreibt, daß »die Natur der erste Lehrer der Ethik« (1922, S. 40) genannt werden kann, so meint er in erster Linie die Tatsache, daß sich im Bewußtsein der Menschen die ersten Begriffe von sittlichem Verhalten durch die Beobachtung der sie umgebenden Natur bilden. Die »Urmenschen«, die »Primitiven«, die »Wilden« lebten in enger Verbindung mit einer ungeheuren Vielzahl tierischer Geschlechter und Stämme. Die in diesem Zusammenhang zu machenden Beobachtungen bildeten die Grundlage für die ersten Verallgemeinerungen im Sinne sittlicher Grundsätze. Die Sprichwörter, Lieder, Märchen etc. der »primitiven Völker« legen beredtes Zeugnis davon ab. Dank der Sprache, die – wie Kropotkin schreibt – »die Entwicklung des Gedächtnisses unterstützte und die Überlieferung schuf« (1922, S. 60), wurde es den Menschen möglich, komplexere Lebensregeln als in der Tierwelt zu schaffen.

Die wichtigste Lehre aus der Natur bestand darin, daß die Tiere – selbst die stärksten – genötigt waren, in Gemeinschaft zu leben. »Das gesellige Leben, d.h. *wir*, nicht aber ich, ist die einzige naturgemäße Lebensweise. Das ist das Leben selbst. Deshalb war das ›Wir‹ der gewöhnliche Gedankenzustand des primitiven Menschen, eine ›Kategorie‹ seines Verstandes, wie wohl Kant sagen könnte. In dieser Gleichsetzung, man könnte sagen: Auflösung des ›Ich‹ in seinem Geschlecht und Stamm, liegt der Keim des ganzen ethischen Denkens, des ganzen Nachdenkens über die Sittlichkeit. Die Selbstbehauptung der ›Einzelpersönlichkeit‹ kam erst viel später.« (Kropotkin 1922, S. 51)

Nach Kropotkin lehrte die Natur den Menschen jedoch mehr als die Notwendigkeit der Soziabilität. Auch Elemente des zweiten Stadiums der sittlichen Entwicklung, der *Gerechtigkeit*, sind in der Natur zu beobachten. Kropotkin bestätigt Herbert Spencers Annahme einer »vormenschlichen Gerechtigkeit«. Ein entwickelter Begriff von Gerechtigkeit, den Kropotkin als identisch mit Gleichberechtigung versteht, findet sich jedoch erst in menschlichen Gemeinschaften. Um die Wirkungsweise einer menschlichen Gemeinschaft aufrechtzuerhalten, bedarf es »des Übergangs vom Geselligkeitstrieb, d.h. vom einfachen Drang oder Bedürfnis, im Kreise verwandter Wesen zu leben, zum Vernunftbeschluß über die Notwendigkeit der Gerechtigkeit in den wechselseitigen Beziehungen« – ein solcher ist nur auf der Entwicklungsstufe des Menschen möglich (1922, S. 60)[17]. Erst der bewußt vorhandene Begriff von der Gleichberechtigung aller Mitglieder einer Gemeinschaft garantiert deren Bestand. In »primitiven« Gesellschaften sieht Kropotkin dieses Gerechtigkeitsbewußtsein in den Regeln zur Wiederherstellung der verletzten Gleichberechtigung verkörpert, etwa in der Blutrache oder im biblischen Talionsgesetz: »Aug' um Auge, Zahn um Zahn«. Ausdruck dieses Gerechtigkeits- bzw. Gleichberechtigungsbewußtseins sind auch die Gebräuche, die der übermäßigen Entwicklung des einzelnen zum Nachteil des Ganzen entgegenarbeiten.

Im Zusammenhang mit dem Bewußtsein von Gerechtigkeit bzw. Gleichberechtigung beschreibt Kropotkin die Evolution der Sittlichkeit in *Abhängigkeit von den Veränderungen des gesellschaftlichen Lebens* am eingehendsten. Der Stand der Entwicklung des Gerechtigkeitsbegriffs bei den »primitiven« Völkern entspricht der in Sippen organisierten Gesellschaftsordnung. Die sittlichen Grundsätze haben lediglich innerhalb der Sippe ihre Gültigkeit, nur in geringem Maße gibt es auch Regeln, welche die Beziehungen unter den verschiedenen Geschlechtern erleichtern sollen. Der Zerfall dieser frühen kommunistischen Gemeinwesen setzte mit der Bildung der Einzelfamilie ein. Damit einher ging eine Veränderung des Gerechtigkeitsbegriffs in dem Sinne, daß das Prinzip der Gleichberechtigung zunehmend nur noch partielle Gültigkeit hatte. Eine weitgehende Gleichberechtigung konnte sich lediglich in sehr beschränktem Maße in speziellen Gemeinschaften wie der Landsgemeinde, der Gilde, der mittelalterlichen Stadt erhalten. Mit der Entwicklung der kapitalistischen Produktionsweise seit der frühen Neuzeit erfolgte jedoch auch hier ein Übergang zur Klassengesellschaft und somit zum schichtenspezifischen Gerechtigkeitsbewußtsein.

Eine nachhaltige Aufnahme im moralphilosophischen Denken erfuhr der Begriff der Gleichberechtigung erst im Zusammenhang mit den Forderungen des Bürgertums zur Zeit der Französischen Revolution. Vorerst ging es dabei um die politische und staatsbürgerliche Gleichberechtigung, erst die Sozialisten erhoben dann auch die Forderung nach wirtschaftlicher Gleichberechtigung. Der höchstentwickelte Gerechtigkeitsbegriff findet sich nach Kropotkin bei Pierre-Joseph Proudhon (1809-1865). Kropotkin nimmt insbesondere Bezug auf dessen Werk »De la justice dans la révolution et dans l'église« aus dem Jahre 1858. Den Ausgangspunkt für die Gerechtigkeitsidee bildet bei Proudhon das Gefühl der persönlichen Würde. Dieses Gefühl ist allen Menschen gemeinsam und konkretisiert sich im Gefühl der Menschenwürde. Die Relation von persönlicher Würde und Menschenwürde führt zu einer harmonischen Vereinigung der Gemeinschafts- mit den Einzelinteressen. In der Verwirklichung dieser »wahren Gerechtigkeit« sieht Proudhon das höchste sittliche Ideal.

Auch wenn Kropotkin Proudhons Gerechtigkeitsbegriff als den fortgeschrittensten betrachtet, so kritisiert er doch die Proudhonsche Ineinssetzung von Sittlichkeit und Gerechtigkeit. Ein solches ethisches Konzept sei nicht imstande, den Ursprung der sittlichen Gefühle der Menschen vollständig aufzuhellen. Um beispielsweise die Tatsache zu erklären, daß sich Menschen – ohne Zwang oder eigenen Vorteil – spontan in Todesgefahr begeben, um anderen zu helfen, bedarf das Konzept der Gerechtigkeit einer Erweiterung: Kropotkin spricht von »*Altruismus*«, »*Selbstaufopferung*«, »*Großmut*« – wobei er betont, daß all diese Begriffe unzureichend seien (zuweilen verwendet er für dieses dritte Stadium der ethischen Entwicklung den Begriff »Sittlichkeit«). Auch bei dieser höchsten Stufe der Ethik verweist Kropotkin auf ihren Ursprung in der Natur; bei den Tieren ließen sich neben Geselligkeit und gegenseitiger Hilfe, neben ersten Ansätzen von Gerechtigkeitsempfinden auch Formen der Selbstaufopferung beobachten.

Die Ausarbeitung eines Konzepts dieser Sittlichkeit im engeren Sinne hätte zum Kernstück von Kropotkins zweitem Band der »Ethik« werden sollen; in seinen sonstigen Schriften sind dazu nur unsystematische Gedanken zu finden. Festzuhalten ist, daß Kropotkin die Sittlichkeit im engeren Sinne deutlich von Pflichtgefühl, kategorischem Imperativ oder religiöser Verpflichtung abgrenzt, weil ihr ein dem Menschen innewohnendes Gefühl zugrunde liegt. Im Anschluß an den französischen Moralphilosophen Jean Marie Guyau (1854-1888) umschreibt Kropotkin das Wesen der dritten Stufe der Sittlichkeit, die weit mehr als Selbstaufopferung umfaßt, mit »dem menschlichen Bewußtsein seiner Kraft: der Überfluß an Energie, der Überfluß an Kraft, die danach drängt, sich in Taten zu äußern... Eine Pflanze muß blühen, wenn auch darauf unvermeidlich der Tod folgt. Ebenso der Mensch, der in sich einen Überschuß an Mitgefühl für menschliches Leiden empfindet, der das Bedürfnis nach geistiger Produktivität, nach schöpferischer Arbeit hat – er gibt frei seine Kräfte hin, welche Folgen es auch nach sich ziehen mag.« (1921, S. 19f)

Lebedeff charakterisiert Kropotkins Ethik sicherlich zu Recht als eine Lehre der Brüderlichkeit, eine Lehre der Solidarität. In bezug auf soziale Gerechtigkeit hat Kropotkin eine revolutionäre Ethik entwickelt. Dem entspricht auch seine *Ethik des Revolutionärs*, die sich deutlich von anderen Konzeptionen abhebt, beispielsweise von der des Russen Sergej Netschajew (1847-1882) in seinem berühmten »Katechismus der Revolutionäre«[18], der immer wieder mit Bakunin in Verbindung gebracht wurde. In seinem Vortrag über »Gerechtigkeit und Sittlichkeit« beschreibt Kropotkin den sittlichen Menschen, der als Inbegriff für den revolutionären Menschen gelten kann, dagegen auf eine ganz andere Art. Bemerkenswert ist die Betonung emotionaler

Qualitäten: »Ein Mensch, dem die Fähigkeit, sich mit seiner Umgebung zu identifizieren, anerzogen ist, ein Mensch, der sich der Macht seines Herzens, seines Willens bewußt ist, stellt seine Fähigkeit frei in den Dienst der Anderen, ohne in dieser oder in einer anderen Welt dafür eine Belohnung zu erwarten. Vor allem besitzt er die Fähigkeit, Gefühle anderer zu begreifen, sie mitzuerleben. Dies genügt. Er teilt mit den Anderen Leid und Freud. Er hilft ihnen, die schweren Zeiten ihres Lebens zu ertragen. Er fühlt seine Kräfte und verbraucht großmütig seine Fähigkeiten, andere zu lieben, andere zu begeistern, in ihnen den Glauben an eine bessere Zukunft zu wecken und sie zum Kampf für diese Zukunft hinzureißen. Welches Schicksal ihn auch erreicht, er nimmt es nicht als Leid, sondern als Erfüllung seines Lebens, als einen Reichtum seines Lebens, das er nicht gegen ein pflichtloses Vegetieren eintauschen möchte, er zieht eventuell Gefahren einem kampf- und inhaltslosen Leben vor.« (1921, S. 21)

Kropotkins Ethik – eine Schwärmerei?

Besonders nach den Erfahrungen des 20. Jahrhunderts stellt sich die Frage, ob Kropotkin in seiner solidarischen Ethik nicht den *antisozialen Antrieben menschlichen Handelns* zu wenig Beachtung geschenkt hat. Ist er – besonders in seiner Ethik – nicht doch der phantastische Schwärmer, als der er zuweilen charakterisiert wird? Auch wenn wir davon ausgehen, daß Unmenschlichkeit größten Ausmaßes nicht erst eine Erscheinung des 20. Jahrhunderts darstellt, wenn man etwa an die Inquisition oder die europäische Kolonialgeschichte denkt, die bei Kropotkin durchaus als bekannt vorausgesetzt werden können, läßt sich die Frage nicht so einfach beantworten, wie es auf den ersten Blick scheinen mag. Kropotkin verschließt keineswegs seine Augen vor menschlicher Asozialität, vor sozialer Ungerechtigkeit und pervertierten Formen des Egoismus. Er weist auf eine durchaus diskontinuierliche Entwicklung des sittlichen Niveaus hin. Einen auffallenden Tiefstand erreichte die Moral nach seiner Ansicht zur Zeit des römischen Verfalls, vor der Französischen Revolution und während der Bourgeoisieherrschaft seines Zeitalters. Den Stand der Sittlichkeit bei den »primitiven Völkern« betrachtet er für die diesbezügliche Entwicklungsstufe – zumindest innerhalb eines Stammes – als hoch.

Kropotkin stellt die Ursachen für diese Entwicklung der Sittlichkeit nicht ausführlich dar. Einige interessante Hinweise gibt er für den *Zerfall der Sittlichkeit* in den frühen kommunistischen Gemeinweisen (1922, S. 64ff). Im wesentlichen handelt es sich um den Übergang von egalitären zu hierarchisch strukturierten Gesellschaftsformen: Die Entstehung der Einzelfamilien schuf die Möglichkeit, Familiengüter anzuhäufen, die eine ungleiche Verteilung des sozialen Reichtums zur Folge hatten. Im besonderen aber betont Kropotkin, daß sich zur Zeit der Völkerwanderungen ein Kriegerstand herausbildete, mit dem sich andere soziale Gruppen verbündeten, die ebenfalls an Herrschaft interessiert waren, z. B. die Ältesten, die Weisen, die Priester. Mit der Ablösung einer horizontalen Gliederung der Gesellschaft durch eine vertikale wurde die Gleichberechtigung als Grundlage der Gerechtigkeit ausgehöhlt. Mit der so ermöglichten Einsetzung von transzendenten Gottheiten, die an die Stelle des natürlichen bzw. naturreligiösen

Denkens und Empfindens traten, gingen die Voraussetzungen für eine naturalistische Ethik verloren. Diese Entwicklung gipfelte in der Bildung des Staates. Auch für das tiefe Niveau der Sittlichkeit zu seiner Zeit sieht Kropotkin im Staat und seinen Institutionen die Hauptursache; eine auf Ausbeutung und Unterjochung gegründete Gesellschaft verderbe die menschliche Natur. Und er fügt hinzu, daß die derzeitige Gesellschaft deshalb voller Ungerechtigkeit sei, weil das Gerechtigkeitsgefühl zu schwach, der Gerechtigkeitsgedanke bis heute noch nicht in den Geist der meisten Menschen eingedrungen sei.

Ähnlich wie in Kropotkins Anthropologie zeigt sich auch hier die Bedrohung der »natürlichen« Sozialinstinkte für das menschliche Handeln: Sie sind konstitutive Elemente des menschlichen Wesens, sie können von den – noch so asozialen – gesellschaftlich-politischen Verhältnissen nicht ausgerottet werden, setzen sich aber auch nicht von selbst durch. Am treffendsten sind sie wohl als reale Potentialitäten des menschlichen Seins zu fassen. Kropotkin kann wohl kaum als Schwärmer gelten, der die lebensfeindlichen, asozialen Komponenten der Natur und deren Weiterwirken in der Menschheitsgeschichte bzw. ihre Potenzierung mit Hilfe der Technik nicht berücksichtigt hätte. In seiner »Ethik« heißt es einmal: »Leider verhindern die im Menschen von den niedersten Entwicklungsstufen an bewahrten räuberischen Instinkte die Anerkennung des Geselligkeitsgefühls und des Bewußtseins der Gleichberechtigung als Grundlagen der sittlichen Urteile des Menschen. Diese Instinkte wurden nicht nur erhalten, sondern auch zu verschiedenen Zeiten sehr gefördert in dem Maße, wie neue Bereicherungsmaßnahmen entstanden; in dem Maße, wie anstatt der Jagd der Ackerbau sich entwickelte und darauf der Handel, die städtische Industrie, die Banken, die Eisenbahnen und die Schiffahrt entstanden, und endlich der Erfindungsgeist in den Mitteln der Kriegführung als unvermeidliche Folge des industriellen Erfindungsgeistes zutage trat – mit der Entwicklung alles dessen, was manchen fortgeschrittenen Gemeinschaften die Möglichkeit bot, sich durch die Arbeit der rückständigen Nachbarn zu bereichern.« (1922, S. 236)

Bei einer *Kritik an Kropotkins solidarischer Ethik* müßten vielmehr zwei Dinge im Vordergrund stehen. Zum einen die nahezu ausschließlich naturalistische Betrachtungsweise: Cantzens Einwand gegen die Betrachtung der gegenseitigen Hilfe als einer Naturgesetzlichkeit hat auch in bezug auf Gerechtigkeit und Sittlichkeit seine Berechtigung. Kropotkin unterzieht den Übergang von der Natur- zur Kulturgeschichte keiner eingehenden Analyse, projiziert daher Elemente der evolutionären Entwicklung, die innerhalb der Tierwelt durchaus ihre Wirksamkeit haben, auf den Menschen, ohne deren Verformungen durch die Sozialisation und Akkulturation genügend zu beachten[19].

Zum andern ist Kropotkins ethisches Konzept stark von seinem Fortschrittsdenken bestimmt. Für ihn und viele seiner Zeitgenossen ist es undenkbar, daß längerfristig gesehen nicht das Sittliche über das Unsittliche die Oberhand gewänne. Dieser Optimismus ist Teil von Kropotkins Geschichtsauffassung. Den Grund für eine notwendig positive Entwicklung sieht er – trotz aller Einschränkungen – »in der Beschaffenheit des Menschen und aller geselligen Tiere, die uns fortwährend dazu führt, was wir das Sittliche nennen« (1922, S. 252). Kropotkin relativiert seine Aussage jedoch an dieser Stelle und läßt damit eine Ahnung vom Ausmaß der durch technische Möglichkeiten um ein Vielfaches angewachsenen, zerstörerischen Kräfte des Menschen deutlich werden. Ihre tatsächlichen, alles vernichtenden Dimensionen sind ihm trotz der Erfahrung des Ersten Weltkrieges eher fremd: Die Menschen werden zur Sittlichkeit gelangen, »obwohl wir gleichzeitig unter dem Einfluß der Habsucht, der Hoffart und der Machtbegierde zu Scheußlichkeiten, wie die Unterjochung der niederen Klassen, oder Handlungen fähig sind, an denen der letzte Krieg so reich war: Giftgase, Unterseeboote, Zeppeline, die schlafende Städte heimsuchen, völlige Zerstörung der aufgegebenen Gebiete durch die Eroberer usw.« (1922, S. 252)

3. Anarchie: Sozialismus ohne Regierung

Daß Kropotkin und Bakunin sich in so vielen Bereichen unterscheiden und dennoch beide durchaus zu Recht zu den bedeutendsten Vertretern des Anarchismus gezählt werden können, zeigt die Vielgestaltigkeit dieser sozialen Bewegung. Ein starker Gegensatz besteht hinsichtlich ihrer Persönlichkeiten. Bakunin ist zeitlebens der unermüdliche politische Aktivist, der stets ruhelose Revolutionär geblieben. Mit Ausnahme einiger Jugendschriften haben alle seine Werke etwas Fragmentarisches – das liegt nicht allein an Bakunins Persönlichkeit, sondern auch an seiner ungestümen und unsystematischen Auffassung des Anarchismus.

In Kropotkins Leben gibt es zwar auch aktivistische Phasen, auch ist er gezwungen, viele Jahre im Gefängnis und noch mehr im Exil zu verbringen. Doch Kropotkin, der eine solide naturwissenschaftliche Ausbildung als Geograph absolviert hat, bleibt immer ein Stück weit der beobachtende und abwägende Wissenschaftler. Auch die Ausarbeitung seiner Schriften ist für ihn vornehmlich eine wissenschaftliche Tätigkeit – etwas, was im Bakuninschen Anarchismus undenkbar wäre. Kurz nach dem vierzigsten Lebensjahr verschwindet der politische Aktivismus fast gänzlich aus Kropotkins Leben. Zu Beginn des Jahres 1886 wird er nach mehr als drei Jahren aus der Haft im Gefängnis von Clairvaux entlassen; nach einem kurzen Aufenthalt in Paris läßt er sich in England nieder. Damit beginnt eine Zeit relativer Ruhe, die es ihm ermöglicht, sich verstärkt seinen philosophischen und wissenschaftlichen Arbeiten zu widmen. Als erstes erfolgt die Ausarbeitung seiner Anarchismuskonzeption, seiner *Theorie des kommunistischen Anarchismus*. Das Resultat dieser intensiven Beschäftigung ist eine Reihe von großen Aufsätzen, die in »Le Revolté«, »The Nineteenth Century«, »Freedom« und »La Révolte« erscheinen. Die meisten von ihnen werden kurze Zeit später auch als Broschüren publiziert.

Das Modell des kommunistischen Anarchismus ist für Kropotkin die Form des Zusammenlebens, die den Forderungen, die sich aus seiner Anthropologie ergeben, am ehesten entspricht. Es schafft jene Bedingungen, unter denen sich die dem Menschen eigenen Anlagen, insbesondere die Geselligkeit und die gegenseitige Hilfe, am uneingeschränktesten entwickeln können, unter denen das in Kropotkins »Ethik« entwickelte sittliche Ideal zu konkretisieren ist und unter denen die menschlichen Bedürfnisse am ehesten eine Befriedigung zu finden vermögen. Kropotkins kommunistischer Anarchismus ist nicht eine auf der Grundlage von reiner Rationalität und Gerechtigkeitsempfinden entwickelte utopische Idealkonstruktion. Wie noch zu zeigen sein wird, folgt er bei der Ausarbeitung seines kommunistischen Anarchismus – wie bei all seinen anthropologischen, ethischen und ökonomischen Entwürfen – einer Methode, die auf sorgfältige Art Beobachtungen aus der Natur sowie aus Geschichte und Gegenwart mit ethischen Idealvorstellungen verbindet.

Sozialisierung von Produktion und Konsum

In seinen Darlegungen zum kommunistischen Anarchismus geht Kropotkin von *zwei fundamentalen Bestrebungen des Menschen* aus, derjenigen nach Sicherheit und Wohlstand und derjenigen nach Freiheit des Individuums. Eine Gesellschaftsordnung befindet sich nur dann mit der Forderung nach sozialer Gerechtigkeit im Einklang, wenn in ihr diese beiden Bedürfnisse befriedigt werden können. Die einzige Gesellschaftsordnung, welche diesen Anforderungen entspricht, ist nach Kropotkin die Anarchie, die für ihn einen Sozialismus ohne Regierung bedeutet.

Damit Sicherheit und Wohlstand für möglichst viele Menschen erreicht werden können, sind grundlegende Änderungen des sozioökonomischen Systems notwendig; darin ist sich Kropotkin mit allen Sozialisten einig. Zu deren Grundforderungen gehört das *Gemeineigentum an Produktionsmitteln*; in diesem Sinne ist die Kropotkinsche Anarchie zweifellos sozialistisch. Unterschiede zwischen Kropotkin und anderen Schulen des Sozialismus bestehen hingegen in bezug auf die Ausdehnung der Expropriation, die Schnelligkeit, mit der sie sich vollziehen soll, und die Mittel, um zu ihr zu gelangen. Gemeineigentum an den Produktionsmitteln bedeutet bei Kropotkin nicht nur den gesellschaftlichen Besitz der Fabriken, es beinhaltet auch die Kommunisierung des Bodens, des Bergbaus, der Transportmittel u.a. (vgl. 1896a, S. 10). Wohngebäude, Industrieprodukte, Kleidung, Lebensmittel usw. sind ebenfalls nicht Privatbesitz, tragen sie doch zur Produktion bei, indem sie den Menschen arbeitsfähig machen. Neben der sozioökonomischen Begründung der Sozialisierung der Produktionsmittel findet sich bei Kropotkin auch eine historischethische Legitimation: Die zu seiner Zeit vorhandenen Produktionsmittel und Produktionsmöglichkeiten sind der Ertrag einer langen Arbeit unzähliger Menschen. Nicht diejenigen, die zu jener Zeit über sie verfügen, haben sie geschaffen. Daß sie mit einer derartigen Ungleichheit verteilt sind, ist auf »Raub« der Herrschenden und Besitzenden zurückzuführen. Folgerichtig und gerecht ist es, sie allen Menschen zur Verfügung zu stellen, d.h. sie in Gemeineigentum zu überführen.

Gemeineigentum umfaßt im kommunistischen Anarchismus Kropotkinscher Provenienz also auch große Teile der Konsumtionsseite. Hierin liegt der entscheidende Unterschied zu anderen sozialistischen Konzepten. Spezifisch für den kommunistischen Anarchismus ist die *Sozialisierung des Konsums*, d.h. die Verteilung der Güter nicht nach der Leistung oder den privaten Möglichkeiten, sondern nach den Bedürfnissen der Individuen. Die Kurzformel des kommunistischen Anarchismus lautet: »Jedem nach seinen Bedürfnissen«. Die freie Verfügung eines jeden über alle produzierten Güter macht ein wie auch immer geartetes Entlohnungssystem überflüssig: »Der gemeinsame Besitz der Produktionsmittel schließt den gemeinsamen Genuß der Früchte der gemeinsamen Produktion in sich, und wir sind der Ansicht, daß eine gerechte Organisation der Gesellschaft erst dann möglich ist, wenn jedwedes Lohnsystem aufgegeben ist und wenn jeder, der zu dem gemeinsamen Wohlstand nach dem vollen Maße seiner Fähigkeiten beiträgt, auch von dem gemeinsamen Vorrat der Gesellschaft nach dem weitest möglichen Maße seiner Bedürfnisse genießen wird.« (Kropotkin 1887b, S. 20f) Jene Richtungen des Sozialismus, und Kropotkin zählt dazu auch die Vertreter des anarchistischen Kollektivismus wie Bakunin, welche ein Leistungs- und Entlohnungssystem beibehalten wollen, sind inkonsequent. Ihre Neuschöpfung der Gesellschaft ist nicht weitreichend genug konzipiert, denn sie legen das Hauptgewicht der Veränderung einseitig auf den Produktionsbereich. Jedes sozioökonomische System bildet eine Einheit, deren Elemente in einem vielseitigen Wechselverhältnis stehen. Nur einzelne Teile zu verändern, hat keine wirkliche Umgestaltung der Gesellschaft zur Folge. So wenig wie die Umwandlung allein der politischen Organisationsform im Rahmen der bürgerlichen Revolution eine grundlegende soziale Neuerung brachte, so wenig ist die Revolutionierung der Produktionsseite zur Neugestaltung der Gesellschaft ausreichend.

Das *Lohnsystem* ist das Produkt der kapitalistischen Wirtschaftsform, eine Folge des Privateigentums: Der Eigentümer der Produktionsmittel kauft die notwendige Arbeitskraft und bezahlt sie im Verhältnis zu den zu erwartenden Profitmöglichkeiten (vgl. zum folgenden Kropotkin 1888). Gewisse Kollektivisten, welche auch nach der sozialen Revolution ein Lohnsystem beibehalten wollen, versprechen einen »gerechten» Lohn, der die aufgewendete Zeit, die Produktivität sowie den Wert des Produkts für die Gesellschaft berücksichtigt. Bei anderen Kollektivisten soll sich der Lohn lediglich nach der von einem Arbeiter aufgewendeten Zeit richten. Beide Arten, einen Lohn zu bestimmen, erachtet Kropotkin für ungenügend und ungerecht; zu berücksichtigen sei auch die individuelle Arbeitsfähigkeit, der Erlebniswert einer Arbeit etc. Zudem gäbe es Arbeiten, die gar nicht gemessen werden könnten, beispielsweise die »Arbeit« einer Mutter. Speziell für den Arbeitsprozeß zur Zeit des Hochkapitalismus fällt ins

Gewicht, daß eine individuelle Arbeitsleistung gar nicht mehr auszumachen ist. In bezug auf England schreibt Kropotkin: »Die britische Industrie ist das Werk der britischen Nation, ja sogar von Europa und Indien zusammengenommen, nicht von einzelnen Individuen.« (1887b, S. 20) Unter Berücksichtigung dieser Umstände gelangt Kropotkin zu einer seiner »einfachen« Schlußfolgerungen: Der Lohn für eine Arbeit ist nicht zu messen, also schaffen wir das Lohnsystem ab. Doch das ist nicht der alleinige Grund: Jedes Lohnsystem setzt eine Instanz voraus, welche die Macht hat, den Lohn arbeitender Menschen zu bestimmen. Bei einer radikalen gesellschaftlichen Veränderung irgendein Lohnsystem beizubehalten, würde die Fortschreibung von Ausbeutung, Ungleichheit und Fremdbestimmung bedeuten.

Von besonderem Interesse sind Kropotkins Hinweise auf *die psychischen Auswirkungen des Lohnsystems*. An die Stelle der spontanen Handlung tritt diejenige aus Berechnung; das Lohnsystem ist der Todfeind von Solidarität und gegenseitiger Hilfe. Der von Kropotkin diagnostizierte Zerfall der Sittlichkeit in der modernen Gesellschaft hängt mit dem Lohnsystem zusammen, »weil wir uns haben verleiten lassen, nicht zu geben, ohne zu empfangen; weil wir gewünscht haben, aus der Gesellschaft eine Handelsgesellschaft zu machen, gegründet auf Soll und Haben.« (1888, S. 14)

Kropotkin hält die Abschaffung eines jeglichen Lohnsystems für umso dringlicher, als für dessen Aufrechterhaltung beim Stand der Produktionsmöglichkeiten keine materielle Notwendigkeit mehr bestehe. Eine in einem derartigen Maße industrialisierte Gesellschaft wie diejenige der entwickelten Länder seiner Zeit sei imstande, allen einen umfassenden Wohlstand zu verschaffen. Bereits »primitive« Gesellschaften waren fähig, in einem Minimum an Zeit genügend lebenswichtige Güter zu produzieren, wie sollte dies eine Gesellschaft, die wesentlich effizientere Produktionsmittel entwickelt hat, nicht vermögen. Den Hauptgrund für die materielle Misere sieht Kropotkin darin, »daß die Produktion nicht dazu dient, die Bedürfnisse der Gesellschaft zu befriedigen; sie dient dazu, Profite zu erwirtschaften.« (1893, Teil VI) Eine von Profiten freie und daher ausreichende Produktion der lebensnotwendigen Güter setzt aber das Gemeineigentum der Produktionsmittel voraus: »Um produktiv zu sein, muß die menschliche Arbeit sozialisiert werden.« (1893, Teil VI) Auf der anderen Seite ist eine gerechte Verteilung der Güter nach den Bedürfnissen der Individuen nur möglich unter der Voraussetzung eines sozialisierten Konsums. »Jedem nach seinen Bedürfnissen« bedeutet, daß jedem Individuum das gemeinsam erarbeitete Produkt zur Verfügung gestellt wird. Damit ist die Befriedigung der elementaren Bedürfnisse der Menschen gewährleistet; niemand ist mehr gezwungen, seine Arbeitskraft zu verkaufen. Kropotkin nimmt hier Überlegungen vorweg, die seit neuestem in der Forderung eines existenzsichernden Mindestlohns für alle aktuell geworden sind[20].

Eine selbstregulierte Gesellschaft

Das zweite, von Kropotkin als fundamental betrachtete Bedürfnis des Menschen, die Freiheit, kann nur in einer Gesellschaft ohne jegliche Herrschaft verwirklicht werden.

Daher fordert Kropotkin »die *Verneinung des Staates, des Gesetzes, jeglicher Autorität«* (1893, Teil XI) – diese Forderung macht ihn zum Anarchisten. Sie bedeutet jedoch nicht einen chaotischen gesellschaftlichen Zustand, den man den Anarchisten oftmals unterstellt, denn an die Stelle der staatlichen Reglementierung tritt die freie Vereinbarung, treten freie Gruppen und frei gebildete Föderationen. Das Bedürfnis nach Freiheit kann nur dann verwirklicht werden, wenn der Mensch »durch nichts anderes eingeschränkt sein wird, als durch seine eigenen sozialen Gewohnheiten und durch die Notwendigkeit, die Jedermann fühlt, Zusammenwirkung, Unterstützung und Teilnahme bei seinem Nächsten zu finden.« (1887b, S. 24) Welche Bedeutung die erwähnten Einschränkungen allerdings erlangen können, problematisiert er an dieser Stelle nicht – es wird notwendig sein, darauf zurückzukommen.

In der Kritik des Staates – und Staat bedeutet nicht in erster Linie ein räumliches Gebilde oder eine handelnde Institution, sondern ein herrschaftlich-zentralistisches Ordnungsprinzip – schließt sich Kropotkin den anarchistischen Analysen an. Sein Beitrag zur Erweiterung der anarchistischen Staatskritik liegt in seinen Untersuchungen zur historischen Entwicklung von Staat und Autorität (vgl. Kapitel 5). Wie andere Anarchisten kommt auch Kropotkin zum Schluß, daß nur das von staatlicher Kontrolle freie Zusammenleben jene Bedingungen schafft, unter denen sich Vielfalt, Kreativität und Sittlichkeit entfalten können.

Kropotkin schreibt der *freien Vereinbarung*, dem Vertrag, eine für das soziale Zusammenleben ungleich größere Wirksamkeit zu als dem gouvernementalen Prinzip. Selbst für die Gesellschaft seiner Zeit, die durch ein hohes Maß an staatlicher Kontrolle, an Ungleichheit und kapitalistischem Gewinnstreben bestimmt wurde, konstatiert Kropotkin, daß es »in der Gesamtheit unseres sozialen Lebens ein sehr großes Gebiet gibt, innerhalb dessen man nur nach freier Vereinbarung handelt, und daß man der Regierung viel leichter entbehren kann, als man im allgemeinen glaubt.« (1887c, Teil I) Die freie Vereinbarung, welche den Menschen nicht zu einem vorgeschriebenen Verhalten zwingt, sondern dieses aufgrund eigener Gefühlsregungen und Entscheidungen entstehen läßt, tritt in all jenen Bereichen in Erscheinung, welche (noch nicht) der staatlichen Reglementierung unterstellt sind, z. B. im nachbarschaftlichen Verkehr der Individuen untereinander, darüber hinaus bei der Bildung freier Gruppierungen. Anhand verschiedener Beispiele (Eisenbahnen, englische Rettungsgesellschaft für Schiffbrüchige usw.) zeigt Kropotkin, daß die Menschen »sich sehr wohl verständigen können, und zwar ohne die Intervention einer Autorität« (1887c, Teil II). Um ein Wesentliches mehr müßte das in einer Gesellschaft der Fall sein, in der die Sozialisation der Produktion, der Konsumtion und des Handels verwirklicht wäre.

Der Unterschied zwischen den meisten Vertragslehren des neuzeitlichen politischen Denkens und Kropotkins Sozialphilosophie besteht demnach nicht darin, daß er jeglichen Vertrag verneint. Er verneint zwar die Annahme eines alles Weitere präjudizierenden Urvertrags, wie etwa Rousseau ihn postulierte, hält aber für das menschliche Zusammenleben Abmachungen, die immer wieder neu in Form von Verträgen zu treffen sind, für durchaus notwendig. Entscheidend ist dabei, daß diese Verträge auf freiwilligen Entschlüssen beruhen und die Kontrolle über ihre

Einhaltung nicht durch eine übergeordnete Instanz, beispielsweise den Staat, erfolgt, sondern über die Vertragschließenden selbst; ihr unmittelbares Interesse am Vertrag bildet die Grundlage seiner Einhaltung. Idealtypische Beispiele für diese Art der Vertragsbildung sieht Kropotkin bei den Gilden und den territorial bestimmten Körperschaften der mittelalterlichen Stadt. Auch hier erweisen sich seine Vorstellungen als eminent aktuell, spielen doch im heutigen sozialen Leben in den städtischen Bereichen der ganzen Welt lokale Gruppierungen mit ganz bestimmten, begrenzten Zielsetzungen eine wesentliche Rolle.

Der das soziale Leben regulierende Mechanismus beruht in der kommunistischen Anarchie nicht auf einem – mehr oder weniger willkürlich gesetzten – Rechtssystem mit seinen Gesetzen, Verordnungen und Sanktionen. Die *das Zusammenleben regulierenden Faktoren* sind jene menschlichen Motivationen, welche Kropotkin in seiner Anthropologie und Ethik beschreibt: gegenseitige Hilfe, Gerechtigkeitsgefühl, Wohlwollen. Kropotkin spricht in diesem Zusammenhang von den »sozialen Gewohnheiten«. Die kommunistische Anarchie kommt ohne Justiz, ohne Polizei und ohne Gefängnis aus. In den bestehenden Gesellschaften verhindern diese Institutionen antisoziale Handlungen mit nur sehr geringem Erfolg. Kropotkin betont, daß die einzige Methode, antisoziales Verhalten wirksam zu begrenzen, »die freiwillige Beschränkung und die gegenseitige Hilfe« sei (1896a, S. 16). Diese Triebkräfte menschlichen Handelns, die sich gegenseitig bedingen, bilden die Grundlagen für die Funktionsweise der kommunistischen Anarchie.

Was die Verneinung des Staates als Mittel zur Organisation des menschlichen Zusammenlebens betrifft, ist auf einige bemerkenswerte *sozialpsychologische Überlegungen* Kropotkins hinzuweisen. Die Organisation der Gesellschaft durch den Staat führt zu einer Entmündigung des Individuums, zur Aufgabe der eigenen Initiative, zu einem Verzicht an Selbstverantwortlichkeit. Im Blick auf die damalige Gesellschaft schreibt Kropotkin: »Ihr Nachbar kann Hungers sterben oder seine Kinder ermorden – das geht Sie nichts an, das ist die Angelegenheit des Staates.« (1896a, S. 19) Die Organisation der kommunistischen Anarchie dagegen ist das Werk aller; sie ist nicht etwas Gegebenes, sondern sie entsteht ausschließlich im konkreten Tun aller Mitglieder der Gesellschaft. Kropotkin betont, daß die Anarchie nicht bestehen kann »ohne einen fortwährenden Kontakt zwischen allen für die tausend und abertausend gemeinsamen Angelegenheiten zu schaffen. Sie kann nicht leben, ohne das lokale unabhängige Leben in den kleinsten Einheiten zu schaffen, in Straße, Haus, Viertel, Gemeinde.« (1896a, S. 19)

Wie aus dem letzten Zitat hervorgeht, vollzieht sich die gesellschaftliche Selbstregulierung nicht im luftleeren Raum, sondern in konkreten *sozialen Einheiten*. Kropotkin unterscheidet drei Arten: 1. territorial bestimmte Gebilde (»Ortsgemeinden«), 2. Gruppierungen aufgrund sozioökonomischer Funktionen (»Werkgemeinden«) und 3. durch persönliche Affinität gebildete Einheiten (»Wahlgemeinden«)[21]. Für Kropotkin besteht die anarchistische Gesellschaft aus einer schier unendlichen Vielzahl und Vielfalt solcher Gruppierungen, sowohl langdauernden als auch vorübergehenden; sie entstehen entsprechend den momentanen Bedürfnissen zu allen möglichen Zwecken (1901, S. 92). Diese Einheiten unterscheiden sich in einer Reihe wesentlicher Merkmale von den sozialen Einheiten und Institutionen der staatlichen Organisation des menschlichen Zusammenlebens. Kropotkin kritisiert den Staat, weil dieser die Bildung von selbstorganisierten Verbindungen entweder verbietet oder zumindest nur unter seiner vollständigen Kontrolle zuläßt. Die sozialen Einheiten im kommunistischen Anarchismus dagegen sind gerade derartige Zusammenschlüsse. Es entsteht also nicht ein Dualismus von zentralem Staat und atomisierter Masse, sondern ein Nebeneinander freiwillig oder aufgrund bestimmter Lebensverhältnisse eingegangener Gruppierungen. Da menschliche Bedürfnisse und Lebensverhältnisse stetigen Veränderungen unterworfen sind, ist – im Gegensatz zu den starren staatlichen Einrichtungen – für das Funktionieren dieser sozialen Einheiten eine hohe Flexibilität Voraussetzung; dazu gehört auch die Möglichkeit für die Mitglieder, von einer sozialen Einheit in eine andere zu wechseln.

Von besonderer Bedeutung ist nach Kropotkin, daß die sozialen Einheiten in der anarchistischen Gesellschaft autonome Gebilde sind. Im Gegensatz zu staatlich organisierten Gesellschaften gibt es in der Anarchie keine Einmischung einer außenstehenden Instanz in das Leben der Individuen und selbstorganisierten Gruppierungen[22], auch keine Einmischung zur Förderung der sozialen Sicherheit – diese ist Angelegenheit der sozialen Einheit selbst[23]. Voraussetzung für Autonomie ist wirtschaftliche Unabhängigkeit, und zwar nicht nur im Sinne von Produktionsgenossenschaften, wie sie zu Kropotkins Zeiten zahlreich waren. Seine autonomen Kommunen sind »Vollgenossenschaften«, d.h. sie arbeiten und leben auch gemeinschaftlich. Im Gegensatz zu den staatlichen Einrichtungen haben die sozialen Einheiten der Anarchie nicht allein Ordnungs-

und Verwaltungsfunktion, sondern sie bilden eigentliche Lebenseinheiten.

Die sozialen Einheiten der Anarchie schließen sich zu Föderationen zusammen. Nicht allein die so geschaffene Mobilität der Individuen ist dabei wichtig, sondern vielmehr das Einander-Ergänzen, die Hilfe der Gruppen untereinander, der soziale Austausch zwischen ihnen, der die Beziehungsmöglichkeiten innerhalb einer sozialen Einheit erheblich erweitert. Die Föderierung erfolgt aber nicht im Sinne einer durchgehenden, pyramidalen Organisation von unten nach oben wie bei Bakunin. Die Organisationsform des kommunistischen Anarchismus ist *Dezentralisation*. Kropotkin spricht von einer zweifachen Dezentralisation: einer territorialen und einer funktionalen. Deutlich zeigt sich hier seine Interpretation der mittelalterlichen Kommune mit ihren städtischen Sektionen und wirtschaftlichen bzw. beruflichen Zusammenschlüssen. In bezug auf die funktionale Dezentralisation spricht Kropotkin von »einer Unterteilung der öffentlichen Funktionen unter Berücksichtigung sowohl ihrer Wirkungssphäre, als auch des Charakters der Funktionen, d.h. all diese Funktionen, die heute als Funktionen der Regierung angesehen werden, sind der Initiative frei konstituierter Gruppen zu überlassen«. (1887a, S.108) Dezentralisation als Organisationsprinzip gilt nicht allein auf der politischen Ebene. Kropotkin betont, daß die politische und die ökonomische Seite der sozialen Organisationsform des kommunistischen Anarchismus nicht voneinander zu trennen sind. Beide Forderungen sind »zwei verschiedene Ausdrucksformen eben desselben Bedürfnisses nach Gleichheit« (1887a, S.109). Die Mannigfaltigkeit der sozialen Einheiten sowie ihre föderalistische und dezentrale Struktur führen zu einer *komplexen sozialen Vernetzung*, die wegen des »amorphen Nebeneinanders« ihrer Teile (Cantzen 1987, S. 114) nicht-hierarchisch und herrschaftslos bleibt.

Kropotkins Konzept von Anarchie liegt nicht, wie man bei oberflächlicher Betrachtung annehmen könnte, die Vorstellung allseitiger und immerwährender gesellschaftlicher Harmonie zugrunde. Er hält ausdrücklich fest, »daß die Vielfältigkeit, ja sogar der Konflikt, das Leben sind, und die Gleichförmigkeit der Tod ist« (1896a, S. 21). Für Kropotkin entscheidend ist die Art der jeweiligen *Konfliktlösung*. Harmonie entsteht nicht mit Hilfe formalisierter juristischer Verfahren, sie entsteht »im stetig wechselnden und flüchtigen Gleichgewicht zwischen den vielfachen und verschiedenen Kräften und Einflüssen« (1896a, S. 6).

Kropotkin selbst betont, daß seine sozialen Konzeptionen und ihre Begründungen dem Denken seiner Zeit fundamental widersprechen und daß es für viele seiner Zeitgenossen eine Schwierigkeit bedeutet, diese Gedanken überhaupt zu denken. Diese Feststellung führt ihn dazu, sich mit den möglichen und tatsächlich vorgebrachten *Einwänden gegen den kommunistischen Anarchismus* zu befassen. Hier sei nur auf einige seiner Entgegnungen eingegangen – weniger in substanzieller Absicht, vielmehr um Kropotkins unkonventionelle und radikale Denkweise zu veranschaulichen.

Dem Glauben an die Notwendigkeit einer Regierung widerspricht Kropotkin, indem er darauf hinweist, daß »Millionen von menschlichen Wesen leben und sterben, ohne jemals mit der Regierung in Berührung gekommen zu sein« (1887b, S. 26). Er weist darauf hin, daß das Verhalten der Menschen durch andere Motive bestimmt wird als durch staatlichen Zwang. Wichtiger sind der Wunsch, das

Vertrauen nicht zu verlieren, die Gewohnheit, Wort zu halten, ein starkes Ehrgefühl im Einhalten von Vereinbarungen usw.

Konfrontiert sieht sich Kropotkin auch mit der Frage, was mit denen geschehen soll, die Verträge nicht einhalten, die nicht arbeiten wollen, und wer denn die unangenehmen Arbeiten verrichten werde. Seine Darlegungen zur Arbeit in der anarchistischen Gesellschaft gehen in zwei Richtungen: Sie zielen sowohl auf eine Befreiung *der* Arbeit als auch auf eine Befreiung *von der* Arbeit. Zu einer Art von Arbeit, wie sie im kapitalistischen Fabriksystem von den Arbeitern verlangt wird, muß der Mensch tatsächlich gezwungen werden: »Überarbeitung, um die Wenigen mit Luxusdingen zu versehen – nicht Arbeit für das Wohlergehen aller. Arbeit, Schaffensdrang ist eine physiologische Notwendigkeit.« (1887b, S. 32) Es geht also um eine Humanisierung der Arbeit. Die Frage ist nicht, wie die Menschen zur Arbeit veranlaßt werden können, sondern wie ihr spontaner Wunsch zu arbeiten den freiesten Spielraum erhalten und sich auf die nützlichste Weise auswirken kann. Gleichzeitig fordert Kropotkin eine Befreiung von gewissen Arbeiten durch den Einsatz einer gewissen Technologie sowie eine bessere Verteilung der notwendigen unangenehmen Arbeiten auf alle Arbeitsfähigen sowie eine Verkürzung der Arbeitszeit. Einer industrialisierten Gesellschaft, die ihre Möglichkeiten zu einer sinnvollen Produktion nutzen würde, genügten fünf Stunden täglicher Arbeit; die »unangenehmen Arbeiten« könnten mit Hilfe der Wissenschaften auf ein Minimum reduziert werden. Neben einem Recht auf eine selbstorganisierte, kreative und sinnvolle Arbeit plädiert Kropotkin also auch für ein »Recht auf Faulheit«.

Asoziale Handlungen haben nach Kropotkin ihre Ursprünge in einer nicht menschengerechten Gesellschaftsform; in einer anarchistischen werden sie weitgehend verschwinden. Doch räumt er ein, daß es auch dort Asozialität geben kann, beispielsweise in Form einer mangelnden Bereitschaft zu sozial notwendiger Arbeit. Als Sanktion schlägt er in diesem Fall soziale Isolation oder Ausschluß aus der jeweiligen sozialen Einheit vor (1892, S. 195 ff) – allzuweit geht demzufolge das Recht auf Faulheit nicht. An dieser Stelle zeigt sich besonders deutlich eine Problematik in Kropotkins gesellschaftlicher Konzeption, die auch andernorts sichtbar wird, nämlich die Möglichkeit des Individuums, sich gegen die – gerechtfertigten oder ungerechtfertigten – Ansprüche der Gesellschaft zu wenden oder allgemeiner: das *Verhältnis von Individuum und Gesellschaft*. Kropotkin ist der Meinung, daß der kommunistische Anarchismus erst jenes Verhältnis von Individuum und Gesellschaft ermögliche, welches die Grundlage sowohl für eine tatsächliche Autonomie als auch für eine wirkliche Einbindung in die Sozialität schaffe. Die anarchistische Gesellschaft »sucht die vollständige Entwicklung der Individualität, verbunden mit der höchsten Entwicklung der unter allen Gesichtspunkten freiwilligen Verbindung für alle möglichen Stufen, für alle denkbaren Ziele: eine stets wandelbare Verbindung, die in sich selbst die Grundlagen für ihre Dauer trägt und die Formen annimmt, die in jedem Augenblick am besten den mannigfachen Bestrebungen aller entsprechen.« (1896a, S. 6)

Ob die anarchistische Gesellschaft, wie Kropotkin sie entwirft, dieses Versprechen auch einhalten kann, inwieweit es ihm gelingt, einen wirklichen Ausgleich von Individuum und Gesellschaft zu finden, oder ob sein Konzept nicht eher zu einer Tyrannei der Gesellschaft über das Individuum tendiert, soll in den Schlußbetrachtungen untersucht werden.

4. Eine neue Wirtschaftsordnung

Den Schwerpunkt seiner Konzeption des kommunistischen Anarchismus legte Kropotkin auf die Frage der Sozialisierung der Produktion und des Konsums sowie auf die Abschaffung des Lohnsystems. Weitere Ausführungen zur Sozialökonomie finden sich in den diesbezüglichen Aufsätzen aus den Jahren 1887 bis 1896 nicht. Der Vorwurf, der Anarchismus sei eine rein politische Bewegung, läßt sich, zumindest für Kropotkin, dennoch nicht aufrechterhalten, da gerade er sich in der Folgezeit eingehend mit sozioökonomischen Fragen beschäftigte. Kurz vor der Jahrhundertwende erschien Kropotkins Werk »Fields, Factories and Workshops«; 1912 folgte eine Ausgabe mit aktualisiertem empirischem Material. Diese Arbeiten erweisen Kropotkin als einen wichtigen Vertreter der anarchistischen Sozialökonomie und Wirtschaftsgeschichte.

Ausgangspunkt ist für Kropotkin die *weltwirtschaftliche Entwicklung des 19. Jahrhunderts*, die Industrialisierung, insbesondere die Tatsache, daß sie den großen Massen der Bevölkerung keine Fortschritte für ihre Existenzsicherung bzw. ihre Lebensqualität brachte – im Gegenteil: die psychischen und materiellen Lebensbedingungen waren katastrophal, die Unsicherheit in bezug auf Arbeitsmöglichkeiten wegen der enormen Krisenanfälligkeit der kapitalistischen Wirtschaft hoch. Vor allem aber waren die körperlichen, geistigen, seelischen Entfaltungsmöglichkeiten der arbeitenden Bevölkerung minimal, bedingt durch die monotone, geistlose und ungesunde Fabrikarbeit, durch die Ausbeutung der Frauen, durch die sehr frühe Eingliederung der Kinder in den Arbeitsprozeß und durch die eingeengten Lebensverhältnisse in den rasch wachsenden Städten. All diese Tendenzen verschärften sich noch gegen Ende des 19. Jahrhunderts, als die erste schwere ökonomische Krise das kapitalistische System erschütterte.

Ausgangspunkt ist andererseits die enorme, *technische und wissenschaftliche Entwicklung*, die im Gegensatz zur ökonomischen Krisenanfälligkeit steht und für Kropotkin ein schier unermeßliches Potential für den Fortschritt der Menschheit darstellt. Fortschritt bedeutet für ihn nicht eine Partialentwicklung, die beispielsweise nur im technischen Bereich stattfindet oder lediglich bestimmte Gesellschaftsschichten begünstigt; Fortschritt bedeutet eine Verbesserung der materiellen und geistig-seelischen Lebensmöglichkeiten *aller* Menschen.

Eine neue Sozialökonomie auf der Grundlage ausreichender Produktionsmöglichkeiten

Kropotkin versteht seine Untersuchungen als Grundlegung einer neuen Sozialökonomie, denn die bisherige Wirtschaftswissenschaft sei von einer falschen Fragestellung bzw. von falschen Grundannahmen ausgegangen. Adam Smith hatte den »Wohlstand der Nationen« im Auge und proklamierte zu dessen Vermehrung die Arbeitsteilung. Thomas Malthus erklärte die Armut zum Naturgesetz und schuf damit »eine Art wissenschaftlicher Unterlage gegen die Ideen der Gleichheit« (Kropotkin 1899a, S. 69). Noch zur Zeit Kropotkins ist der Einfluß dieses nationalökonomischen Denkens bedeutend, selbst bei den Sozialisten. Die gesamte politische Ökonomie geht aus von der »Hypothese einer begrenzten ungenügenden Versorgung mit Lebensmitteln« (1899a, S. 70). Angesichts der unermeßlichen Möglichkeiten von Technik und Wissenschaft hält Kropotkin es hingegen für notwendig, eine *Ökonomie des Reichtums* – nicht nur des materiellen – zu entwickeln, d. h. die Frage nach den Bedürfnissen der Menschen und den Möglichkeiten ihrer Befriedigung in den Mittelpunkt der Nationalökonomie zu stellen. Kropotkins Ausgangsthese ist die Realisierbarkeit der allgemeinen Bedürfnisbefriedigung durch »eine Verbindung industrieller Fortschritte mit intensiver Landwirtschaft und von geistiger und körperlicher Arbeit« (1899a, S. XI). Aufgrund einer solchen Wirtschaftsordnung entsteht eine neue Gesellschaft – »eine Gesellschaft, in der jedes Wesen gleichzeitig körperliche und geistige Arbeit leistet; wo jeder körperlich befähigte Mensch ein Arbeiter ist und wo jeder Arbeiter gleichzeitig auf dem Feld und in der industriellen Werkstätte schafft; wo jede Gemeinschaft, die groß genug ist, um über eine gewisse Mannigfaltigkeit natürlicher Hilfsquellen verfügen zu können – es kann eine Nation oder lieber noch nur ein Bezirk sein –, das Meiste seiner eigenen landwirtschaftlichen und industriellen Erzeugnisse selbst herstellt und verbraucht« (1899a, S. 4). Kropotkins neue sozialökonomische Ordnung ist demnach gekennzeichnet durch zwei wesentliche Elemente seiner anthropologischen Bestimmung des Menschen: eine uneingeschränkte, ganzheitliche Entfaltung der Persönlichkeit und eine weitgehende Autonomie sozialer Gruppen.

Kropotkins neue Wirtschaftsordnung ist mehr als eine Neustrukturierung für die zu seiner Zeit entstandenen Industrienationen, er versteht sie durchaus als eine *neue Weltwirtschaftsordnung*. In der Ausbreitung des Industrialismus im Sinne einer weltweiten Arbeitsteilung unter den Nationen sieht er ausschließlich ein Streben nach erhöhten Gewinnmöglichkeiten durch die bereits industrialisierten Staaten und ihre kapitalistische Führungsschicht, keineswegs einen weltweiten Fortschritt. Der zu seiner Zeit bereits stark entwickelte Welthandel bedeutet nach Kropotkin eine ungeheure Verschwendung bestehender Ressourcen; um einen tatsächlichen allgemeinen Fortschritt zu erzielen, sei er auf das Notwendigste zu beschränken. Die internationale Arbeitsteilung in Rohstofflieferanten und Absatzmärkte einerseits und Produzenten industrieller Güter andererseits sei zugunsten einer in allen Ländern gleichmäßig diversifizierten wirtschaftlichen Entwicklung aufzuheben. Erst in neuester Zeit werden solche weltwirtschaftlichen Modelle wieder aktuell, etwa in den heutigen Theorien der »Abkoppelung« bzw. »self-reliance«.

Die Einheit von industrieller und landwirtschaftlicher Entwicklung

Kropotkin betrachtet die mit Hilfe von Wissenschaft und Technik entwickelte Industrie durchaus als ein fortschrittliches Potential. Ein tatsächlicher Fortschritt – im oben umschriebenen Sinne – ist jedoch nur unter bestimmten sozialen und politischen Voraussetzungen möglich. Im England der Jahrhundertwende sind diese Voraussetzungen keineswegs gegeben: Der Staat, der Klassencharakter der Gesellschaft, die Profitorientierung als zentrale Wertvorstellung lassen die Industrialisierung zur Ursache schwerer sozialer Not und Ungerechtigkeit werden. Auch im wirtschaftlichen Bereich zeigen sich schwerwiegende strukturelle Fehlentwicklungen. Das Hauptproblem bei der Industrialisierung Großbritanniens besteht nach Kropotkin in der *ungleichmäßigen Entwicklung von industrieller und landwirtschaftlicher Produktion*. Vor allem die mit verschiedenen Mitteln erzwungene Abwanderung großer Teile der Bevölkerung vom Land in die Stadt, wo sie als billige Arbeitskräfte zu einem leicht verfügbaren Fabrikarbeiterreservoir wurden, führte zu einer Vernachlässigung der landwirtschaftlichen Produktion. Diese Entvölkerung des Landes, der Verzicht auf neue Anbaumethoden sowie der Mangel an gemeinschaftlicher Bearbeitung des Bodens führten dazu, daß Englands eigener Anteil an der Produktion seiner Nahrungsmittel rückläufig wurde. Für Kropotkin führt die Beseitigung dieses Mangels durch die Einfuhr von billigen landwirtschaftlichen Produkten aus den Kolonien längerfristig zu einer schwerwiegenden Krisensituation, betrachtet er doch eine zunehmende Emanzipation dieser Länder als eine sich mit geschichtlicher Notwendigkeit vollziehende Tatsache. Zudem betont er, daß dieser Handel vor allem die Interessen einer Klasse von (englischen) Zwischenhändlern und nicht diejenigen der Produzenten und Konsumenten befriedige.

Im Gegensatz zur malthusianischen These wäre es nach Kropotkin der englischen Landwirtschaft – auch bei einem erheblichen Bevölkerungswachstum – möglich, ausreichend Nahrungsmittel zu produzieren. In sorgfältigen und materialreichen Studien über die Landwirtschaft anderer Länder (Frankreich, Belgien, USA etc.) untersucht er *die tatsächlichen Produktionsmöglichkeiten einer modernen Landwirtschaft*. Als Ergebnis benennt er jene Bedingungen, die in einer modernen Landwirtschaft vorhanden sein müssen, um die Ernährung einer Industriegesellschaft sicherzustellen. Abhängig ist die Produktivität einer Landwirtschaft nicht allein von der Fruchtbarkeit des Bodens, sondern vor allem von dessen Bearbeitung. Neue landwirtschaftliche Techniken (Maschinen, Düngung, Bewässerung, Pflanzenzucht, Treibhauskulturen usw.) haben in vielen Ländern zu ungeheuren Ertragssteigerungen geführt. Doch genügen solche technischen Verbesserungen keineswegs; damit diese überhaupt wirksam werden können, ist die Verwirklichung sozialer und organisatorischer Voraussetzungen erforderlich. Von besonderer Bedeutung sind dabei die Besitzverhältnisse an Grund und Boden. Kropotkin weist beispielsweise nach, daß die sehr hohen Produktivitätssteigerungen auf den englischen Kanalinseln in engem Zusammenhang mit den dort noch gültigen normannischen Rechtsverhältnissen stehen, die das Bodeneigentum des römischen Rechts bzw. der Latifundien-Gesellschaften nicht kennen.

Im Gegensatz zu den meisten Nationalökonomen, die sozialistischen eingeschlossen, zeigt Kropotkin, daß in der Landwirtschaft, wie auch in der industriellen Entwicklung, eine weitgehende *Dezentralisierung in der Produktion* zu wesentlich größeren Erfolgen führt. Im Zusammenhang mit den Vereinigten Staaten von Amerika schreibt er, »daß die Stärke der amerikanischen Konkurrenz nicht in den Mammut-Farmen liegt, sondern in den unzählbaren kleinen Farmen, in denen Weizen genau wie in Europa vermittels Düngung, aber mit besser organisierter Produktion und Erleichterungen im Verkauf und ohne Notwendigkeit, dem Grundbesitzer einen Drittel oder mehr des Verkaufspreises von jedem Quarter Weizen abzugeben, produziert wird« (1899a, S. 65). Ein zusätzlicher wichtiger Vorteil der amerikanischen Landwirtschaft bestehe darin, daß sie über wissenschaftlich experimentierende Versuchsfarmen und über ein ausgedehntes Netz zur Verbreitung landwirtschaftlicher Kenntnisse und Fertigkeiten verfüge.

Das Gegengewicht zur industriellen Zentralisation: die Industriedörfer

Zur Zeit Kropotkins galt die Annahme, daß mit der Industrialisierung notwendigerweise eine Konzentrationsbewegung in der ökonomischen Organisation einhergehe. In der deutschen Sozialdemokratie etwa wurde die These vertreten, die kapitalistische Zentralisation sei ein allgemeingültiges Gesetz, die Verarmung der Arbeiterschaft und der Untergang des Handwerks ein notwendiger Schritt zu einer höheren Form der industriellen Organisation, welche die Grundlage für einen Übergang zum Sozialismus bilde. Aufgrund empirischer Untersuchungen gelangte Kropotkin zu einem anderen Resultat: »Während der letzten fünfzig Jahre hat eine bemerkenswerte Konzentration der großen Fabrikbetriebe stattgefunden, aber die soeben erwähnten Resultate der Statistiken erlauben uns, zu erkennen, daß diese Konzentration nicht *das Bestehen einer Masse kleiner Betriebe* verhindert, deren durchschnittliche Größe sich nur sehr langsam vergrößert« (1899a, S. 144). Die Kleinindustrie sei zwar in eine schwierige Lage geraten, doch zeige sie allerorten eine »erstaunliche Lebenskraft«, mit der sie sich gegenüber dem zentralisierten Fabriksystem behaupte. Wirklich überhandnehmen würden große und besonders mittelgroße Betriebe lediglich in wenigen Industriezweigen.

Die Tatsache, daß die Menschen materielle Nachteile in Kauf nähmen, um weiterhin innerhalb einer kleinindustriellen Organisationsform zu wirtschaften, veranlaßte Kropotkin, die *Vorteile der Kleinindustrie* zu untersuchen. Abgesehen von einzelnen Industriezweigen wie Schiffsbau, Textilien u.a. gibt es in der Großindustrie seiner Ansicht nach keine wesentlichen technischen Vorteile gegenüber einer kleinindustriellen Produktion. Wenn in der großbetrieblich organisierten Industrie überhaupt Vorteile bestehen, so liegen sie nicht bei den technischen Möglichkeiten in der Produktion, sondern in den Bereichen Einkauf und Verkauf; wegen ihrer Größe ist es diesen Unternehmen insbesondere möglich, sich monopolistische Marktanteile zu verschaffen. Auch andere Faktoren des Marktes (Werbung, Information etc.) können durch die Großindustrie besser genutzt werden. Die industrielle Zentralisation bringt lediglich den Fabrikbesitzern größere Gewinne, für die arbeitende Bevölkerung und auch für die gesamte Gesellschaft ergeben sich keine Verbesserungen. Vergleicht man nämlich die Großfabriken und die Kleinbetriebe nicht allein hinsichtlich der Gewinnmöglichkeiten ihrer Besitzer, sondern stellt man auch die Existenzbedingungen der in diesen Betrieben arbeitenden Bevölkerung in Rechnung, so befinden sich die Fabrikarbeiter in der Regel in einer elenderen Lage. Wenn es in der kleinindustriellen Produktion zur Verelendung kommt, so liegen die Gründe dafür nicht in einem Mangel an technischen Produktionsmöglichkeiten, sondern in ihrer durch die Vereinzelung der Betriebe geschwächten Position auf dem Markt.

Kann also nach Kropotkin nicht von wesentlichen technischen Nachteilen der Kleinindustrie gegenüber dem Fabriksystem gesprochen werden, so betont er vor allem die Vorteile der Kleinindustrie für die dort Beschäftigten auf der psychologischen, gesundheitlichen und sozialen Ebene. In dieser Hinsicht stellt die Kleinindustrie *eine weitaus humanere wirtschaftliche Organisationsform* dar als das Fabriksystem. Wesentlich für diese Beurteilung sind Kropotkins Erfahrungen bei den Uhrmachern des Schweizer Jura, die in den siebziger Jahren des 19. Jahrhunderts eine starke anarchistische Organisation entwickelt hatten und von Kropotkin mehrmals besucht wurden[25]; seine späteren Untersuchungen bekräftigen diese Beobachtungen. Im Zusammenhang mit der Kleinindustrie in der Umgebung von Paris betont er die kulturelle Bedeutung dieser industriellen Organisationsform und ihrer Art der Arbeit: »Diese kleinen Werkstätten, von denen künstlerische Fertigkeiten und Schnelligkeit der Arbeit so sehr gepriesen werden, regen notwendigerweise die Geisteskräfte der Arbeiter an. Und dessen können wir sicher sein, wenn die Pariser Arbeiter im allgemeinen für geistig entwickelter gelten, und dieses tatsächlich mehr als die Arbeiter in irgendeiner anderen europäischen Hauptstadt sind, daß das in weitem Maße dem Charakter ihrer Arbeit zu verdanken ist, einer Arbeit, die künstlerischen Geschmack, Geschicklichkeit und vor allem erfinderisch begabte Menschen verlangt, die immer bestrebt sind, neue Muster zu entdecken und die technischen Produktionsmethoden zu vermehren und zu verbessern« (1899a, S. 142).

Auch in diesem Zusammenhang zeigt sich Kropotkins

Sensibilität für die *Auswirkungen der sozioökonomischen Verhältnisse auf die psychische Verfassung* der Menschen. Kropotkin geht – für seine Zeit etwas durchaus Außergewöhnliches – bei seinen sozialökonomischen Untersuchungen weit über rein wirtschaftliche Aspekte hinaus. Die dezentralisierte Kleinindustrie stellt für ihn nicht in erster Linie deshalb eine bessere Wirtschaftsform dar, weil sie sehr effiziente Produktionsmöglichkeiten schafft, sondern weil sie eher Gewähr dafür bietet, daß wesentliche menschliche Bedürfnisse im Arbeitsbereich befriedigt werden können. Kropotkin spricht von »einer Kleinindustrie, die die Erfindungsgabe anregt und so viel dazu beiträgt, die Intelligenz des Arbeiters zu entwickeln« (1899a, S. 142), d. h. von einer Kleinindustrie, die den Geist der Initiative weckt. Mit anderen Worten: Die kleinindustrielle Produktion hebt die durch das Fabriksystem in einem gefährlichen Maße vorangetriebene Entfremdung des Menschen von seiner Arbeit auf.

Zur Befriedigung wesentlicher menschlicher Bedürfnisse gehört für Kropotkin auch die Teilhabe an einem entwikkelten und differenzierten gesellschaftlichen Leben, und zwar auch – oder gerade – im Arbeitsbereich. Kropotkin findet bei kleinindustriellen Produktionsverhältnissen noch etwas von jenem Gemeinschaftsgeist, der beispielsweise in der mittelalterlichen Stadt oder in der russischen Dorfgemeinschaft (Mir) eine so bedeutungsvolle Rolle gespielt hat. Im Gegensatz zum Fabriksystem verlangt die Kleinindustrie geradezu nach *genossenschaftlicher Organisation*, also nach der Entstehung sozialer Netze, die die Existenz der arbeitenden Bevölkerung sichern und die Lebensqualität steigern.

Kropotkin distanziert sich von all jenen, welche »die

Wiedereinführung der altmodischen, geschlossenen und patriarchalischen Korporationen« befürworten; es geht ihm keineswegs um die Idealisierung mittelalterlichen Handwerks. Er untersucht für seine Zeit die Möglichkeiten einer Industrie, die sich »in Gestalt einer sozial organisierten industriellen Produktion mit voller Hilfe der Maschinen und technischen Wissens in die Dörfer« ausbreitet (1899a, S. 157). Die in seinen Untersuchungen trotz aller gegenläufigen Tendenzen erwiesene, starke Verbreitung der Kleinindustrie bestätigt Kropotkin die *Realisierbarkeit einer derartigen kleinindustriellen Produktionsweise*. Er benennt auch die Bedingungen, die erfüllt sein müssen, damit sich die Kleinindustrie zu einem ökonomisch bedeutsamen Faktor entwickeln kann: eine sozial organisierte Produktion und Konsumtion, die Einbeziehung von Maschinen und technischem Wissen, eine Verbindung mit der Landwirtschaft sowie das Vorhandensein geeigneter Energieträger. Für die Erfüllung der letzten Bedingung sieht Kropotkin in der zu seiner Zeit aufkommenden elektrischen Energie ein adäquates Mittel. Sie schafft eine Unabhängigkeit von den für die frühe Industrialisierung bedeutungsvollen, großen Energieträgern (vor allem Dampfmaschinen). Sie ermöglicht die Installierung kleiner, auf den Bedarf von Haus- und Werkstättenproduktion abgestimmter Elektromotoren.

Wichtig für Kropotkin ist die *Verbindung von Kleinindustrie und Landwirtschaft*. Überall dort, wo er bei seinen Studien Kleinindustrie auf dem Land findet, gibt es auch eine blühende Landwirtschaft. Die Landwirtschaft mit ihrer Abhängigkeit vom natürlichen Ablauf der Jahreszeiten bringt eine saisonal unterschiedliche Beanspruchung der Arbeitskräfte mit sich; eine Verbindung mit industrieller

Produktion führt zu einem günstigen Ausgleich. Die Landwirtschaft bedarf für ihre Modernisierung und Intensivierung einer »industriellen Umgebung«, die ihr die dörfliche Kleinindustrie bietet. Zusammenfassend und zukunftsweisend heißt es bei Kropotkin: »Die Ausbreitung der Industrien über das Land – daß die Fabrik sich inmitten von Feldern findet –, so daß die Landwirtschaft alle jene Vorteile findet, die sie immer aus einer Verbindung mit der Industrie zieht, und eine Vereinigung landwirtschaftlicher und industrieller Arbeit ist sicherlich der nächste Schritt, der zu machen ist, sobald eine Reorganisation unserer gegenwärtigen Zustände möglich ist… Dieser Schritt ist bedingt durch die Notwendigkeit, daß die Erzeuger für sich selbst erzeugen; er ist bedingt durch die Notwendigkeit, daß jeder gesunde Mann und jede gesunde Frau einen Teil ihrer Zeit in Arbeit unter freiem Himmel und in frischer Luft verbringen. Und noch notwendiger wird er werden, wenn die großen sozialen Bewegungen, die unvermeidlich geworden sind, den internationalen Handel gestört haben und jedes Volk auf seine eigenen Quellen zur Lebenserhaltung verwiesen haben werden« (1899a, S. 162). Erst mit einer derartigen Wirtschaftsordnung sei nationale bzw. regionale Unabhängigkeit und Autonomie möglich.

Eine Ausbildung für den Fortschritt

Eine weitere Voraussetzung für eine fortschrittsorientierte Nutzbarmachung von Wissenschaft und Technik sieht Kropotkin in der Förderung entsprechender kreativ-geistiger Fähigkeiten des Menschen, welche die damaligen Bildungseinrichtungen jedoch mitnichten zu schaffen imstande seien. Voraussetzung für die Verwirklichung der neuen Wirtschaftsordnung ist eine neue Ausbildung. In Kropotkins Kritik der damaligen Bildungsinstitutionen und ihrer Methoden sowie in seinen Forderungen nach einer neuen Ausbildung werden grundsätzliche Argumente sichtbar, die heute in nahezu identischen Formulierungen vorgetragen werden. Kropotkin geht wiederum aus von damals bestehenden Experimenten zur Neugestaltung des Bildungswesens, im besonderen von der Moskauer Technischen Schule, die in der Zeit von 1860 bis 1880 offenbar sehr gute Erfolge erzielte. Kropotkin fordert eine *éducation intégrale* (eine *vollständige Ausbildung*)[26].

Diese Form der Ausbildung bedeutet eine Absage an Spezialisierung und einseitige Wissensaneignung zugunsten einer *Vermittlung von Grundlagen und Fähigkeiten*. Insbesondere die Fähigkeit, auf der Basis dieser Grundlagen Problemstellungen zu erkennen und zu beurteilen, soll gefördert werden. Ein erhebliches Gewicht legt Kropotkin wiederum auf den emotionalen Bereich, nämlich auf das Wecken »jener großen allgemeinen Begeisterung, die den Schüler später dazu führen wird, in jede Arbeit seiner Hände und seines Geistes eine aufrichtige Sehnsucht nach Wahrheit zu legen, die Liebe zur Schönheit, sowohl in den Formen wie im Inhalt und das Gefühl der Notwendigkeit, ein nützliches Glied der menschlichen Gemeinschaft zu sein und sein Herz in Einklang mit der ganzen Menschheit zu fühlen« (1899a, S. 175).

Diese Ziele zu verwirklichen, sei mit den herkömmlichen Lehrmethoden, deren Charakterisierung auch heute – beinahe ein Jahrhundert später – durchaus vertraut klingt, nicht möglich: »Wir gewöhnen unsere Kinder an die schlechtesten Methoden des Lernens; selbständiges Denken vernichten wir im Keime, und in den seltensten Fällen erreichen wir ein wirkliches Erfassen der Dinge, die wir lehren. Oberflächlichkeit, papageienhaftes Wiederholen, Sklaverei und Gedankenträgheit sind die Erfolge unserer Erziehungsmethode. Wir lehren unsere Kinder nicht wie zu lernen« (1899a, S. 172). Im Gegensatz dazu fordert Kropotkin *ein entdeckendes, anschauliches und handelndes Lernen*.

Vollständige Erziehung bedeutet auch *eine Integration der Bildung ins soziale Leben*; das tätige Lernen hat immer auch eine nützliche wirtschaftliche Bestimmung. Dieser enge Bezug von Ausbildung und Leben zeigt sich auch in der Forderung nach einer Verbindung von geistiger und körperlicher Arbeit – eine Verbindung, die eine weitere Grundlage für Kropotkins neue Wirtschaftsordnung bildet.

Kropotkin sieht in der éducation intégrale nicht ein bloßes Instrument, um größeren technischen und wirtschaftlichen Fortschritt zu erzielen. Er spricht von »den *sozialen Wohltaten*, die sich aus der Tilgung der bestehenden Unterscheidung in Kopf- und Handarbeiter und der daraus entstehenden Interessengemeinschaft und der in unserer Zeit sozialer Kämpfe so oft vermißten Harmonie herleiten würden«, vom materiellen, intellektuellen und emotionalen Überfluß, »der für jeden einzelnen Menschen werden würde, wenn er fähig ist, sowohl seine vollen geistigen wie körperlichen Kräfte anzuwenden« (1899a, S. 177).

Ausführlicher befaßt sich Kropotkin mit den Folgen einer solchen integralen Ausbildung auf die Wissenschaft. Den wissenschaftlichen Fortschritt des vergangenen Jahrhunderts schätzt er verhältnismäßig gering ein. Im Gegensatz zum Ende des 18. und zum Beginn des 19. Jahrhunderts habe die Wissenschaft ihre erfinderischen Kräfte verloren. Die wenigen zukunftsweisenden Impulse seien von der Technik ausgegangen; die Erfindung des Telegraphen z.B. habe die Entwicklung einer Theorie der Elektrizität in Gang gesetzt. Einen der Gründe für diese negative Entwicklung sieht Kropotkin in der Trennung von wissenschaftlicher und körperlicher Arbeit. Eine integrale Ausbildung, die auch die Erarbeitung »einer philosophischen Auffassung vom Weltganzen« (1899a, S. 179) einschließt, sei demnach eine unabdingbare Voraussetzung für den Fortschritt der Menschheit.

Eine Kritik des Industrialismus?

Die bisherigen Darlegungen sollten deutlich gemacht haben, daß Kropotkin mit seinem Wirtschaftsmodell keineswegs idyllische Handwerksverhältnisse erneut heraufbeschwören möchte, daß in seinem Konzept nicht rückwärtsgewandte Tendenzen ausschlaggebend sind. Sich mit derartigen Vorwürfen zu befassen, lohnt nicht; andere Einwände sind ernster zu nehmen.

Der zentrale Einwand der im Jahre 1926 erschienenen Dissertation von Margarete Prill betraf Kropotkins Annahme, die Produktion allseits genügender Güter sei beim damaligen Stand der Technik ohne weiteres möglich. Abgesehen davon, daß Kropotkin diese Möglichkeit selbstverständlich unter der Voraussetzung gegeben sah, daß nur die Güter zur Befriedigung der grundlegenden menschlichen Bedürfnisse (Nahrung, Kleidung, Wohnung) produziert würden, unterzieht Prill Kropotkins Berechnungen gar keiner Analyse – *eine Überflußgesellschaft* scheint im Jahre 1926 offenbar von vornherein etwas völlig Unrealistisches gewesen zu sein. Vor dem Hintergrund heutiger Verhältnisse erweisen sich Kropotkins Angaben als erheblich wirklichkeitsnäher.

Kropotkin selber hat sich mit der Frage der produktiven Effizienz seines Modells eingehend beschäftigt. Einmal außer acht gelassen, daß die Produktionsmöglichkeiten einer Vereinigung von Industrie und Landwirtschaft in kleinen Einheiten durchaus hoch sind, zeigt sich hier eine sowohl von der bürgerlichen als auch von der sozialistischen Sozialökonomie erheblich abweichende Denkweise: Nicht *ökonomische Effizienz und Produktivität* sind die angestrebten Ziele des Wirtschaftsmodells, sondern die Möglichkeit humaner Beziehungen unter den Menschen sowie ihrer kreativen Selbstentfaltung. Tatsächliche und vermeintliche ökonomische Zwänge werden ethisch-sozialen Zielsetzungen untergeordnet. Geschaffen werden diese Möglichkeiten im Arbeitsprozeß selbst, aber auch in den sozialen Organisationsformen, welche durch das ökonomische Modell entstehen (vgl. Kapitel 3).

Vorbehalte werden auch angemeldet hinsichtlich Kropotkins Vertrauen, daß zwischen den weitgehend autarken, in einem amorphen Nebeneinander existierenden sozioökonomischen Einheiten makroökonomische Prozesse aufgrund freier Vereinbarungen problemlos ablaufen würden. Mit *Planungen*, die gewisse Ungleichgewichte und Konflikte zwischen den Kommunen ausgleichen bzw. regeln könnten, hat sich Kropotkin nicht beschäftigt. Makroökonomische Strukturen spielen – wie deutlich geworden ist – in seinem Wirtschaftsmodell eine geringe Rolle. Seine

Forderung, den Weltmarkt auf das Allernotwendigste zu beschränken, erweist sich als eine kluge Voraussicht, erst recht wenn man die heutige weltwirtschaftliche Situation betrachtet: Welthandel und internationale Finanztransaktionen sind zu einem wirkungsvollen Herrschaftsinstrument einiger weniger Industrienationen geworden. Auch in der Reduktion des internationalen und regionalen Marktes wird ein entscheidendes Element von Kropotkins Wirtschaftsutopie sichtbar: die Abkehr vom industriekapitalistischen Gigantismus zugunsten eines menschengerechten Maßes, zugunsten überschaubarer Einheiten, in denen das Individuum seinen Platz finden kann[27].

Zweifellos bestehen erhebliche Unterschiede zwischen Kropotkins Wirtschaftskonzept und den Modellen bürgerlicher und sozialistischer Sozialökonomen. Dennoch stellt sich die Frage, ob seine »Vereinigung von Industrie und Landwirtschaft, geistiger und körperlicher Arbeit« *eine wirkliche Alternative zu den zu seiner Zeit bestehenden ökonomischen Modellen* darstellt, oder anders ausgedrückt: ob seine Kritik der damaligen sozialökonomischen Verhältnisse als eine grundsätzliche Industrialismuskritik betrachtet werden kann. Murray Bookchin, einer der wichtigsten Theoretiker des modernen Anarchismus, verneint dies; eine wirkliche Alternative würde eine Abkehr von grundlegenden Inhalten des modernen Denkens erfordern, z.B. eine Abkehr vom anthropozentrischen Denken, d.h. beispielsweise von der Beherrschung der Natur durch den Menschen. Das sei weder bei den Marxisten noch bei Kropotkin der Fall; letzterer vertrat nach Bookchin ein »ökonomistisches und szientistisches Weltbild«, er war »ein technologischer Determinist, obwohl seine ethische Haltung mildernd wirkte«, er hypostasierte die Arbeit, verehrte die Wissenschaft und die Technik und machte aus dem Fortschritt einen Mythos[28].

Tatsächlich findet sich bei Kropotkin nicht eine grundsätzliche Infragestellung *der modernen Wissenschaft und Technik*. Er bewegt sich durchaus im Rahmen des anthropozentrischen Denkens seiner Zeit, wenn er von der Wissenschaft als jener Kraft spricht, »die immer mehr und mehr die Macht des Menschen über die Naturkräfte steigert« (1899a, S. 58). Doch in bezug auf die Technik sind nach Kropotkin positive Wirkungen auf das menschliche Leben nur unter der Bedingung zu erwarten, daß sie dezentral und den Bedürfnissen der Menschen untergeordnet, d.h. auch selbstverwaltet, eingesetzt wird. Dann schafft die Technik die Möglichkeit »leichterer« Arbeit sowie verkürzter Arbeitszeit, und damit Raum für kreative Tätigkeiten, für Wissenschaft und Kunst; sie schafft individuell verfügbare Zeit und damit ein Stück Freiheit. Man kann bei Kropotkin also durchaus von einer Bejahung der Technik sprechen; allerdings handelt es sich dabei um eine ganz bestimmte Form: um eine sozialistische und libertäre Technik.

Auch eine »Gläubigkeit« an einen auf Wissenschaft und Technik beruhenden *Fortschritt* ist bei Kropotkin vielerorts zu finden, etwa wenn er schreibt, daß »die vereinigten Interessen von Wissenschaft und Industrie« imstande seien, »die Menschheit auf eine höhere Stufe zu heben« (1899a, S. 165). Doch auch hier ist zu differenzieren: Einerseits spricht Kropotkin noch nicht von Fortschritt, wenn lediglich eine Erhöhung der Produktivität stattfindet. Andererseits – und darin unterscheidet er sich von den meisten Fortschrittstheoretikern seiner Zeit – bedeutet ökonomischer Fortschritt noch lange nicht, daß zwangsläufig auch soziale Probleme gelöst werden. Die angestrebte freie Gesellschaft ist für Kropotkin wie auch für andere Anarchisten nicht das Resultat allein der Produktivkraftentwicklung, sondern darüber hinaus einer aktiven Neustrukturierung der Gesellschaft.

Bei Kropotkin findet sich eine *differenzierte Kritik des Industrialismus*, nicht allein des kapitalistischen, sondern auch des staatssozialistischen. Eine erste Ebene der Kritik ist die ökonomische. Kropotkin bestreitet keineswegs die von den Nationalökonomen festgestellte Tatsache eines durch die Industrialisierung enorm gewachsenen Sozialprodukts. Doch kritisiert er die Ökonomen, weil sie bisher die tatsächlichen Bedürfnisse der einzelnen Menschen und deren Befriedigung nicht zur Hauptfrage ihrer Wissenschaft gemacht haben. Geht man aber von diesem Punkt aus, so gelangt man zu einer anderen ökonomischen Beurteilung des industriellen Systems: Das Resultat des zu Kropotkins Zeiten hundert Jahre dauernden Industrialisierungsprozesses ist *eine weitverbreitete Armut*. Von einer Überproduktion kann nach Kropotkin nicht gesprochen werden. Ein Zuviel an Gütern wird keineswegs produziert, denn es herrscht ja Mangel; als »Überproduktion« wird lediglich jene Produktion bezeichnet, »die die Kaufkraft der Arbeiter übersteigt, die vom Kapital und vom Staat zur Armut gezwungen werden« (1896a, S. 8). Im Jahre 1919 schreibt Kropotkin, daß in Europa ein gutes Drittel der Bevölkerung im Elend lebe (1919, S. 276). Und wenn sich eine Verbesserung der materiellen Lage der europäischen Arbeiterschaft einstelle, so nur dadurch, daß die Armut in die Länder Afrikas und Asiens verlagert werde. Bei den heutigen wirtschaftlichen Verhältnissen würde es Kropotkin wohl kaum verwundern, daß es nun zwei Drittel der

Weltbevölkerung sind, die im Elend leben, eher dürfte es ihn erstaunen, daß sich das kapitalistische und staatssozialistische industrielle System so lange halten konnten. Den Grund für die materielle Verelendung großer Teile der Bevölkerung sieht er nicht allein in einer einseitigen Verteilung der Reichtümer aufgrund ungerechter Besitzverhältnisse: Sowohl das kapitalistische als auch das staatssozialistische industrielle Wirtschaftssystem sind vielmehr Systeme unendlicher Verschwendung gesellschaftlicher Reichtümer. Unsinnige Produktion (Rüstungs- und Luxusgüter), finanzielle Spekulationen an der Börse, der überproportionierte Welthandel, ein aufgeblähter bürokratischer Apparat u.a. verschlingen ein Unmaß an menschlichen und finanziellen Ressourcen.

Wirtschaftliche Verelendung großer Teile der Bevölkerung ist jedoch nicht die einzige fatale Folge des Industrialismus; Kropotkin betont ebenso *die psychische Verelendung*. Wesentliche Elemente dieser Verelendung sind eine noch stärkere Beschneidung der Autonomie des Individuums durch die Organisation des Arbeitsprozesses, eine Beseitigung jeglicher Kreativität durch die Monotonisierung der Arbeit und – was für Kropotkin am schwersten wiegt – eine Beeinträchtigung der Solidarität unter den arbeitenden Menschen durch Konkurrenz und betriebliche Hierarchisierung.

Kropotkins Industrialismuskritik erweist sich in erster Linie als eine *Kritik am zentralisierten, monumentalistischen Fabriksystem* und an den damit verbundenen Formen der wirtschaftlichen Organisation. Der Übergang von der bäuerlich-handwerklichen, dörflichen Produktion zur zentralisierten Produktion in großen Fabriken bringt für die arbeitenden Menschen die erwähnte Verschlechterung ihrer Lebensmöglichkeiten. Der Arbeiter wird zum Sklaven der Maschinen und der Fabrik, selbst über die Schnelligkeit seines Arbeitens verliert er die Verfügung. Begleitet wird dieser Übergang von einer sich enorm schnell entwikkelnden Konzentration der Menschen in zentralistisch organisierten Städten. Diese Verstädterung zwingt die Menschen, in großen, ungesunden und unüberschaubaren Siedlungen zu leben. In ihnen sind die bei Kropotkin wichtigen Lebensgemeinschaften nur noch bedingt funktionsfähig. Die Zentralisation der industriellen Produktion und die damit verbundene Konzentration wirtschaftlicher Macht widerspricht in jeder Hinsicht den anarchistischen Ordnungsvorstellungen. Anders als Friedrich Engels ihn verstanden wissen wollte, nimmt Kropotkin dessen Satz ernst: »Die Autorität in der Großindustrie abschaffen wollen, bedeutet die Industrie selber abschaffen wollen.« Kropotkin plädiert für die Abschaffung, zumindest für die größtmögliche Reduktion der Großindustrie!

Kropotkin betrachtet die fatalen Auswirkungen des industriellen Systems nicht als Folgen politischer oder wirtschaftspolitischer Fehlentscheidungen, sondern als Konsequenzen, die dem Industrialismus inhärent sind. Ein weiteres Element des Industrialismus, das Kropotkin einer fundamentalen Kritik unterzieht, ist die *Arbeitsteilung*: die nationale wegen ihrer Festlegung der Arbeit auf eine sinnentleerte und unkreative Tätigkeit, die internationale als Grundlage des Imperialismus. Die internationale Arbeitsteilung trennt die Länder der Erde in zwei Kategorien. Die einen sind, u.a. aufgrund der Ansammlung technischen Wissens, dazu bestimmt, sich mit der Produktion aller möglichen Güter zu beschäftigen; die anderen produzieren Nahrungsmittel und Rohstoffe für die ersteren. Die Bourgeoisie der Industrieländer bereichert sich auf Kosten der anderen Länder. Kropotkin kritisiert das *imperialistische Weltwirtschaftssystem* jedoch nicht allein nach den Maßstäben einer globalen Gerechtigkeit. Er geht davon aus, daß die nahrungs- und rohstoffproduzierenden Länder mit der Zeit zu einer eigenen handwerklichen und industriellen Produktion übergehen werden. Das werde für die industrialisierten Länder entweder Elend und Hunger oder Krieg bedeuten. Die nicht-industrialisierten Länder werden ihre Rolle im imperialistischen Weltwirtschaftssystem nur dann weiterspielen, wenn sie mit Waffengewalt dazu gezwungen werden (vgl. 1919, S. 273ff).

Wägt man diese Überlegungen Kropotkins ab, so kann man Bookchins Verdikt nicht zustimmen. Noch deutlicher wird dies bei der Analyse von Kropotkins Natur- und Ökologieverständnis, die jedoch in einem anderen Zusammenhang vorgenommen werden soll (vgl. Schlußkapitel). Kropotkin ging in seiner Kritik des modernen industriellen Systems weiter als die meisten seiner Zeitgenossen. Und er war der Überzeugung, daß er in seinem Wirtschaftsmodell Tendenzen aufzeige, die von der geschichtlichen Entwicklung bestätigt werden würden. In wesentlichen Punkten (Aufhebung der funktionalen und weltweiten Arbeitsteilung, Dezentralisierung statt Konzentration, Vereinigung von geistiger und körperlicher Arbeit) geschah dies nicht – weniger zum Schaden von Kropotkins ökonomischer Utopie als der Weltwirtschaft selbst.

5. Geschichtsphilosophie und Geschichtsschreibung

Auch in Fachkreisen als Historiker bekannt wurde Kropotkin in erster Linie durch seine umfangreichen Studien zur Französischen Revolution, die er in zahlreichen Aufsätzen und im Jahre 1909 in seinem Werk »La grande révolution 1789-1793« publizierte. Geleitet wird Kropotkins Forschungsinteresse bei diesen Untersuchungen von der Frage nach der Rolle des Volkes in der Französischen Revolution. Ausgangspunkt ist die These, nicht die Bourgeoisie, sondern das Volk (die Bauern auf dem Lande und die städtischen Volksmassen) habe die Revolution »gemacht«. Mit diesem Ansatz stellte sich Kropotkin in einen Gegensatz zu nahezu allen damaligen Historikern der Französischen Revolution. Der sowjetische Spezialist für französische Revolutionsgeschichte Viktor Moissejewitsch Dalin betont die Wichtigkeit von Kropotkins Ansatz sowie die Seriosität und Reichhaltigkeit seines Werks. Er weist nach, daß Kropotkin – im Gegensatz zu den Befürchtungen seines Freundes, des Anarchisten und Historikers der Ersten Internationale James Guillaume (1844-1916) – den historischen Fakten lediglich an wenigen Stellen Gewalt angetan habe, um sie seinen revolutionstheoretischen Prämissen anzupassen (Dalin in Kropotkin 1909). Über andere historische Arbeiten Kropotkins kann Ähnliches nicht gesagt werden; sie sind zuweilen oberflächlich. Was aber die

Geschichte des Volkes in der Französischen Revolution betrifft, so ist »La grande révolution 1789-1793« auch heute noch ein aufschlußreiches und lesenswertes Buch. In unserem Zusammenhang wesentlicher allerdings ist diese historische Studie im Hinblick auf Kropotkins universalhistorischen Ansatz und seine Geschichtsphilosophie.

Aspekte einer anarchistischen Geschichtsphilosophie

Das Revolutionsgeschehen im Frankreich des ausgehenden 18. Jahrhunderts ist nach Kropotkin vor dem Hintergrund der Konfrontation des Volkes mit der Aristokratie bzw. dem Bürgertum zu verstehen. In einem anderen Zusammenhang schreibt er in generalisierender Absicht: »Durch die gesamte Geschichte unserer Kultur ziehen sich zwei Traditionen, zwei entgegengesetzte Strömungen: die römische Tradition und die volkstümliche, die kaiserliche Tradition und die eidgenössische, die autoritäre Tradition und die freiheitliche« (1896b, S. 43). Der Geschichtsverlauf werde bestimmt durch einen Antagonismus von Freiheit und Herrschaft, von egalitären, horizontal strukturierten Gemeinschaften und hierarchischen Sozialgefügen – ein Antagonismus, den man mit der von Kropotkin postulierten Spannung zwischen Selbsterhaltungstrieb und Geselligkeitsstreben in Verbindung bringen könnte, auch wenn er selbst dies meines Wissens nicht tut. Zu einer anthropologischen Konflikthaftigkeit in Kropotkins Denken ist demnach eine historische parallel zu setzen. Dieses *antagonistische Geschichtsbild* beruht nicht in erster Linie auf ökonomisch bedingten Klassengegensätzen oder gar unterschiedlichen Machtpotentialen verschiedener Eliten; die von Kropotkin angenommene Triebkraft der Geschichte ist weder der Klassenkampf noch ein Machtgerangel der Eliten. Kropotkin beschreibt den Geschichtsverlauf als eine Entwicklung entlang einer Konfliktlinie zwischen Freiheit und Herrschaft, die neben sozioökonomischen Elementen auch kulturelle und vor allem mentale und psychische enthält.

Die Triebkraft der Geschichte sieht Kropotkin nicht in erster Linie in der Ökonomie, d. h. in der Entwicklung von Produktivkräften und Technik. Gesellschaftsveränderung geht aus von Individuen; im historischen Prozeß zeigt sich ihr Handeln oft in kollektiven bzw. institutionalisierten Aktivitäten. Das *menschliche Handeln* basiert auf Idealen, die in einem vielfältigen Prozeß von Aufklärung, Einsicht in Möglichkeit und Notwendigkeit der Veränderung ungerechter gesellschaftlicher Zustände, Freiheitswillen und »natürlichen« Sozialinstinkten entstehen. Gesellschaftsverändernde Bedeutung hat vor allem der soziale Bereich: das konkrete Sich-Zueinander-Verhalten, die Propaganda und Aufklärung, die Bildung, die Sozialisation (vgl. Cantzen 1987, S. 139). Dem Individuum kommt ein hohes Maß an Freiheit und Selbstverantwortung für sein Handeln zu.

Kropotkin wendet sich *gegen deterministische Auffassungen*, die in der Regel weniger eine erklärende als eine legitimatorische Funktion haben. Sichtbar macht er diesen Sachverhalt am Beispiel des Niedergangs der Dorfgemeinschaft im Zuge der Intensivierung der zentralistischen Staatsmacht: Jene »natürliche wirtschaftliche Notwendigkeit«, welche die bürgerlichen, aber auch die sozialistischen Historiker und Nationalökonomen als Grund dieses Prozesses angeben, existiere nicht. Es war die staatliche

Macht, die vom 16. bis zum 19. Jahrhundert die Dorfgemeinschaften systematisch all ihrer Attribute beraubte: ihrer Autonomie, ihrer Befugnis, Recht zu sprechen und sich Gesetze zu geben, schließlich ihres Gemeindelandes (1896b, S. 31 ff). Geschichtliche Veränderungen ergeben sich also nicht zwangsläufig aus bestimmten Konstellationen; sie werden »gemacht«.

Bedeutungsvoll ist der »menschliche Faktor« vor allem bei revolutionären Veränderungen. Er nimmt daher in *Kropotkins Revolutionstheorie* einen zentralen Platz ein. Veränderungen im Kosmos, in der belebten Natur sowie in der menschlichen Gesellschaft vollziehen sich nicht kontinuierlich, sondern in einer *komplementären Abfolge von Evolution und Revolution*. Kropotkin betont, daß der Darwinismus dahingehend mißverstanden werde, daß alle Veränderungen als gleichförmige, allmähliche Entwicklung aufgefaßt würden. In allen Bereichen der belebten und unbelebten Natur gibt es hingegen Phasen sehr rascher Veränderung. Gleiches trifft zu für die gesellschaftliche Entwicklung: Evolutionäre Phasen schaffen die Bedingungen für einen revolutionären Umbruch, der erst grundlegende Änderungen in Ökonomie und Politik bewirkt. Die Revolution schafft jedoch nicht – wie Bakunin forderte – eine vollständige Zerstörung, auf die ein sozialer Neuaufbau folgt. In ihr werden lediglich die sich bereits entwickelnden Ansätze neuer gesellschaftlicher Organisation von den Fesseln des Staates befreit; sie schafft Raum für verschiedene Formen dezentraler Selbstorganisation und Selbstverwaltung. Oder in Kropotkins Worten: Sie entwirft »die Zukunft in großen Linien, und beseelt alles mit erhabenen Ideen. Und in ihrer notwendigen Hast, das Wesentliche zu ergattern, überläßt sie der kommenden Evolution die Sorge, die Lücken auszufüllen, für welche sie die Umrisse gegeben« (1893, Teil XV). Kropotkin betont, daß die Revolution nicht allein das politische und das sozioökonomische System von Grund auf umwälzt; Revolution bedeutet immer auch eine kulturelle und moralische Revolution, das heißt (wie immer bei solchen Gelegenheiten greift Kropotkin zu einer pathetischen Sprache): »das intellektuelle und moralische Leben in Bewegung zu bringen, die Erstarrung aufzurütteln, die Sittlichkeit wiederherstellen, in die bestehenden Gefühle der Gemeinheit und Engstirnigkeit den lebendigen Hauch der edlen Leidenschaften, eine große Begeisterung, eine hochherzige Hingabe hineintragen« (1885, S. 33).

Möglich wird die Revolution erst, wenn entsprechende Bedingungen sich herausgebildet haben bzw. geschaffen worden sind. Eine *revolutionäre Lage* entsteht, wenn in den verschiedenen Bereichen des gesellschaftlichen Lebens entsprechende Änderungen vor sich gegangen sind. Bei der Ausarbeitung seines Revolutionsmodells stützt sich Kropotkin in erster Linie auf seine Kenntnisse über die Vorgeschichte der Französischen Revolution. In bezug auf die sozioökonomischen Verhältnisse ist es die Bewegung der Bauern, die – in einer Zeit schwerer wirtschaftlicher Krisen – auf eine Veränderung ihrer materiellen Lage drängen. Revolutionär wird die Lage aber erst dadurch, daß das Bürgertum eine politische Revolte in Gang setzt.

Eine besondere Bedeutung mißt Kropotkin den *revolutionären Ideen und Mentalitäten* bei – dem »Geist der Empörung«, wie einer seiner wichtigen Aufsätze in »Paroles d'un révolté« heißt. Mit beredten Worten beschreibt er die Existenz dieses revolutionären Geistes: »Neue Ideen, in den Salons wie in den Wirtshäusern, in den Werken der

Philosophen wie in den alltäglichen Gesprächen... Das Bedürfnis nach einem neuen Leben wird fühlbar. Die Moralität von gestern wird heute als ein Zustand empörender Immoralität erkannt. Der Konflikt zwischen den neuen Ideen und den alten Traditionen bricht in allen Klassen der Gesellschaft auf, in jeder sozialen Sphäre, bis hinein in den Schoß der Familie. Der Sohn begibt sich in Widerstreit zu seinem Vater; er findet empörend, was sein Vater während seines ganzen Lebens als natürlich erachtete. Die Tochter lehnt sich gegen die Prinzipien auf, welche ihr die Mutter als Ergebnis einer langen Erfahrung vermittelt hat« (1885, S. 210).

Kropotkin befaßt sich mit der Frage, wie in einer revolutionären Situation die neuen Ideen zur Tat werden können. Dem Volk, das die neuen Ideen hervorbringt, stellt er hier die »revolutionären Minderheiten« (ein anderer Aufsatz aus »Paroles d'un révolté«) gegenüber, die diese Umwandlung bewirken. Wiederum anhand der Vorgeschichte der Französischen Revolution beschreibt er die verschiedenen *Möglichkeiten revolutionärer Agitation* im Hinblick auf eine Revolutionierung der Massen: Flugblätter, Pamphlete, Broschüren, Lieder, Plakate, symbolische Handlungen (z. B. Verbrennen von entsprechenden Puppen) etc. Von großer Bedeutung für den Ausbruch der Französischen Revolution ist die direkte, persönliche Agitation unter der ländlichen Bevölkerung. Neben der rationalen *Aufklärung* bilden einen wichtigen Teil der Agitation die subversiven Akte, die direkten Attacken gegen den Gutsherrn, den über Grundbesitz verfügenden Priester, den Kornwucherer, den reichen Bourgeois. Daß es sich bei diesen direkten Aktionen keineswegs um ein gewaltloses Vorgehen handelt, wird an einer Textstelle deutlich, die von Pierre Ramus (d.i. Rudolf Grossmann) für die deutsche Übersetzung gestrichen (!) wurde: »Unter dem Namen ›Jacques‹ bildeten sich in den Dörfern geheime Gruppen, sei es, um Feuer an die Scheune des Gutsherrn zu legen, sei es, um seine Ernte oder sein Wild zu vernichten, oder sei es, um ihn zu exekutieren. Und nicht selten fand man im Schloß eine Leiche, durchstoßen mit einem Messer, welches die Schrift ›De la part des Jacques‹ trug« (1885, S.225). Entscheidend bei dieser Agitation ist, daß das herrschende Regime aufhört, in den Augen des Volkes den Charakter der Unverletzlichkeit zu besitzen.

Nach Kropotkins Vorstellungen erfolgt der *Verlauf der Revolution* in drei Phasen. 1. Die Revolution wird mit Hilfe der unmittelbaren Befriedigung der Bedürfnisse des Volkes gesichert – nicht durch eine »Diktatur des Proletariats«. Dazu ist eine weitgehende Expropriation der Besitzenden notwendig; in erster Linie geht es um die Beschlagnahmung von Lebensmitteln, Kleidern und Wohnungen. Nach Kropotkin kann eine Revolution nur erfolgreich sein, wenn die Arbeiter und Arbeiterinnen und ihre Kinder bereits nach 24 Stunden sehen, daß es *ihre* Revolution ist (vgl. Nettlau Bd. IV, 1981, S.13). Anfänglich hatte Kropotkin wie andere kommunistische Anarchisten angenommen, die von den Bürgern angehäuften Vorräte würden das Leben der Bevölkerung über längere Zeit hinweg ohne viel produktive Tätigkeit sichern. Spätere Äußerungen bezeichnen diese Annahme als zu optimistisch. Daher muß nach der Expropriation in einer 2. Phase sehr bald eine intensive Produktion einsetzen, zu der jeder nach seinen Möglichkeiten freiwillig beiträgt, damit die jeweilige Gemeinde bzw. Stadt zusammen mit der ländlichen Umgebung autark wird. Die Anwendung industrieller Methoden ermöglicht eine erhebliche Steigerung der Produktivität in kurzer Zeit. In einer 3. Phase gehen die Kommunen freie Vereinbarungen mit ihren Mitgliedern ein. Auf ihrer Grundlage erhält jeder Einwohner gegen täglich etwa fünf Stunden von ihm gewählter Arbeit vom 21. bis zum 45. Altersjahr alle Lebensnotwendigkeiten reichlich und in freier Auswahl. Diese Vereinbarung kann vom einzelnen jederzeit aufgelöst werden. Die Befriedigung der darüber hinausgehenden Bedürfnisse verschafft er sich in jenen Assoziationen, die er nach seinen persönlichen Vorlieben auswählt (vgl. Nettlau Bd. IV, 1981, S. 469 f).

Wenn Kropotkin darauf verzichtet, übergeordnete Instanzen zu schaffen, die den Ablauf dieser revolutionären Phasen organisieren und kontrollieren, so zeigt dies sein *Vertrauen in die Mündigkeit der Volksmassen* – ein Vertrauen, das andere Anarchisten keineswegs teilen. In einem Brief Kropotkins an Max Nettlau aus dem Jahre 1902 werden diese Differenzen deutlich (vgl. 1902b). Im Gegensatz zu Nettlau, der die Rolle der Volksmassen in der Geschichte äußerst skeptisch beurteilt, betont Kropotkin deren revolutionäre Kraft. Die großen Ideen in der Geschichte haben ihren Ursprung nicht in den Konzepten der einzelnen Philosophen, sondern sie entstammen dem kollektiven Geist, sie gehen aus dem Herzen des ganzen Volkes hervor. Anfänglich sind sie nur in vager Form vorhanden; erst in den Versuchen zu ihrer konkreten Realisierung nehmen sie schärfere Konturen an, und aufgrund dieser Versuche werden sie in einer geistigen Arbeit weiterentwickelt (vgl. 1885, S. 103 f). Für Kropotkin zeigt die Geschichte der Französischen Revolution deutlich, daß es das Volk ist, das neue Ideen in die Tat umsetzt – ohne seine revolutionären Aktionen hätte es keine Revolution gegeben. Die revolutionären Minoritäten geben der Volksbewegung lediglich die Richtung; an anderer Stelle schreibt Kropotkin: »Die Minorität begann die Revolution und riß die Masse mit sich« (1885, S. 86). Entscheidend für Kropotkin ist jedoch die Frage: »Woher kommen diese Minoritäten? Wer gab den Anstoß auf der Straße? Sicher nicht die bürgerlichen Kreise. Immer die Arbeiter!« (1902b, S. 280) Etwas später fügt er differenzierend hinzu: »Der Aufruhr kommt immer von den Unterdrückten, vom Volk. Kommt der Augenblick, in welchem die Unzufriedenheit (die Bereitschaft, aktiv zu werden) des Volkes zusammenfällt mit der Unzufriedenheit (nie eine Bereitschaft, aktiv zu werden) der ›Intelligenz‹, der Bourgeoisie, dann ist die Revolution da« (1902b, S. 280). Das Individuum kann nach Kropotkin in der Geschichte nur eine Bedeutung erlangen, wenn es von einer entsprechenden Volksbewegung getragen wird. Nettlau teilt diese Ansichten nicht, für ihn ist die Spontaneität ein Mythos (vgl. Nettlaus Anmerkungen in Kropotkin 1902b). Von einer Mythologisierung der revolutionären Kraft des Volkes wird man vor allem sprechen können, wenn Kropotkin von einer grundsätzlich »anarchistischen Tendenz der Masse, die stets das Gewohnheitsrecht proklamiert«, spricht und alle Volksbewegungen der Geschichte als von anarchistischen Prinzipien beseelt betrachtet (1893, Teil IV).

Kropotkins Betonung des Volkes als geschichtsbildender Kraft – und »Volk« ist nicht ein verschwommener Allgemeinbegriff, auch nicht *eine* revolutionäre Klasse, sondern die Gesamtheit dezentralisierter autonomer Einheiten[29] – wird verständlich vor dem Hintergrund seiner Anthropologie (Gemeinschaftlichkeit als tragendes Element) und seiner Ordnungsvorstellungen (Egalität), die in den

Vorstellungen vom *Aufbau der Gesellschaft in der nachrevolutionären Phase* deutlich werden. Aufschlußreich in diesem Zusammenhang sind u.a. seine Äußerungen zur Russischen Revolution (verschiedene Briefe und andere Schriften; vgl. die deutsche Ausgabe 1980, ausführlicher in 1976, S. 319ff).

Im Juni 1917 kehrte Kropotkin nach Rußland zurück. Schon bald nach der Oktoberrevolution gelangte er zu einer negativen Beurteilung der bolschewistischen Revolution: Rußland sei genau das Beispiel dafür, wie man es nicht machen dürfe. Hauptsächlich richtete sich seine Kritik gegen die Zentralisierung der Revolution und des Neuaufbaus durch die Diktatur der bolschewistischen Partei. »Selbst wenn die *Diktatur der Partei* ein geeignetes Mittel war, um dem kapitalistischen System einen Schlag zu versetzen (was ich stark bezweifle), so ist sie nichtsdestoweniger schädlich für die Gestaltung einer neuen sozialistischen Gesellschaft« (Kropotkin 1980, S. 20). Abgesehen von der mit der Diktatur der Partei verbundenen Verselbständigung von Macht und Autorität, abgesehen auch von der immensen Bürokratisierung mit all ihren Folgen und von der Transformation des Revolutionärs in einen Staats- und Parteibeamten mußte die Organisation des Lebens der Bevölkerung durch die von der Zentralregierung beauftragten Kommissare aus Kropotkins Sicht zwangsläufig fehlschlagen: Unsinnige Anordnungen aus Mangel an Kenntnissen über die lokalen Verhältnisse und deren Eigenheiten, Zwangsmaßnahmen, Widerstand der Bevölkerung und verstärkte Gewalt bis hin zu zerstörerischen Zwangs- und Strafaktionen der Behörden sind die Folgen des diktatorischen Regimes. Auch wenn Kropotkin die verheerenden Folgen der westlichen Intervention nicht ignoriert, so schreibt er die katastrophale wirtschaftliche Lage in der Sowjetunion zur Zeit des Kriegskommunismus doch in erster Linie der bolschewistischen Politik zu.

Der Aufbau des Kommunismus kann nach Kropotkin nur in einer Bewegung von unten nach oben vor sich gehen. Dabei kommt lokalen Basisorganisationen die entscheidende Bedeutung zu. Die bolschewistische Politik ging in die umgekehrte Richtung: Ausschaltung der Genossenschaften und der (aus taktischen Gründen befürworteten) Räte. Von seinem Besuch im Sommer 1920 berichtet Augustin Souchy: »Kropotkin sagte weiter, Rußland benötige autonome Gemeinderäte, freie Kommunalsoviets, die sich in ihren Kreisen und Gauen zum gegenseitigen Nutzen frei zusammenschließen. Freie Vereinigungen selbständiger lokaler Einheiten (Gemeinden) seien viel besser imstande, die gemeinsam interessierenden Probleme zu lösen als ein staatlich zentralisierter Verwaltungsapparat« (Kropotkin 1980, S. 41; vgl. auch 1919, S. 277 f).

Geschichte als Antagonismus von Freiheit und Herrschaft

Kropotkins Geschichtsphilosophie ist entstanden in einem komplexen Wechselspiel von philosophischen Überlegungen, empirischer Geschichtsforschung und revolutionärer Praxis. Diese Tatsache ließ Kropotkin nie zu einem spezialisierten Fachhistoriker werden. Seine geschichtswissenschaftlichen Arbeiten sind immer dem Aufspüren der zwei elementaren Kräfte gewidmet, die nach seiner Auffassung den Geschichtsverlauf durchziehen: Freiheit und Herrschaft – und zwar stets mit Blick auf ihr Wirken in der Gegenwart bzw. auf die Möglichkeit, freiheitliche Tendenzen zu verstärken. So erforscht er nicht nur revolutionäre Geschichtsabschnitte (gegenseitige Hilfe in den mittelalterlichen Städten, Französische Revolution, Pariser Kommune von 1871), sondern auch jene, in denen Herrschaft dominiert (die historische Rolle des Staates, die Schreckensherrschaft in Rußland, der moderne Staat, der Imperialismus).

Betrachtet man *die historische Entwicklung im Überblick*, so können in der abendländischen Geschichte die frühgeschichtliche Horde, die später entstandene Dorfgemeinschaft, die mittelalterlichen Städte sowie die neben- und außerstaatlichen Vereinigungen der Neuzeit als Lebensformen betrachtet werden, in denen sich freiheitliche Strömungen am stärksten durchsetzten. Eine weitgehende Realisierung autoritärer Tendenzen dagegen findet sich in der patriarchalischen Familie, welche die Horde und den Stamm ablöste, im römischen Staatswesen und dessen Gesetzgebung, vor allem aber im (National-)Staat der Neuzeit. Es muß betont werden, daß Kropotkin keine historische Periode erwähnt, in der die volkstümlichen Strömungen völlig verschwunden wären. Gerade diese gewährleisten das gemeinschaftliche (Alltags-)Leben.

Wie bereits in den Kapiteln 1 und 2 deutlich wurde, wurzelt bei Kropotkin die Geschichte der Menschheit in der *Naturgeschichte*. Die Darwinsche Evolutionslehre bildet für ihn den theoretischen Rahmen, die Natur- und Humangeschichte als etwas Einheitliches, Kontinuierliches zu beschreiben. Ebenfalls deutlich wurde bereits, daß Kropotkin das Leben der Tiere, insbesondere der höherentwickelten, als ein weitgehend geselliges und egalitäres versteht; in diesem Sinne interpretiert er auch *die frühen menschlichen Gemeinschaften*. Die Entstehung von Hierarchie und Herrschaft ist in der Geschichte verschiedentlich zu beobachten; sie erfolgt auf je eigene Art, gemäß den jeweiligen historischen Bedingungen. In der frühen Phase der Menschheitsgeschichte handelt es sich um eine äußerst langsame Entwicklung über die Gentil- und Clanorganisation zur Form eines Zusammenlebens, das durch Einzelfamilien bestimmt wird. Es finden sich bei Kropotkin nicht sehr viele Angaben über diese Entwicklung, entsprechende Forschungsergebnisse standen ihm nicht in ausreichendem Maße zur Verfügung[30]. Für Kropotkin besteht kein Zweifel, daß die Entstehung bestimmter Religionen dabei eine Rolle spielt. In welcher Weise sie zur Bildung von Hierarchie und Herrschaft beitragen, deutet er in seiner »Ethik« an: »Bei den Naturvölkern nahmen die geheimen Verbände der Zauberer, Wahrsager und Weisen (d.h. die Gelehrtenvereinigungen jener Zeiten) ihre Zuflucht zur Einschüchterung besonders der Weiber und Kinder durch verschiedene furchterregende Gebräuche und schufen auf diese Weise allmählich die Religion. Und die Religion gab den Sitten und Gebräuchen einen festen Halt, deren Nützlichkeit für das Leben der Gemeinschaft anerkannt war, da durch sie die egoistischen Instinkte und die Übergriffe der Einzelnen in Zaum gehalten wurden« (1922, S.253).

Die Etablierung von Hierarchie und Herrschaft durch den Staat

Kropotkin schreibt keine lückenlose Geschichte der Entstehung von Hierarchie und Herrschaft in Europa. Auffallend wenig beschäftigt er sich mit dem Feudalismus; gerade die Analyse dieser Gesellschaftsform wäre aber von besonderem Interesse, träte dabei doch etwas zutage, was er in seinem sozialen Konzept kaum berücksichtigt: der repressive Charakter nicht-staatlicher Organisationsformen. Die feudalistische Gesellschaft ist kein staatliches Gebilde, sondern eine Überlagerung verschiedener personeller Beziehungen, die dennoch einen streng hierarchischen und ausbeuterischen Charakter annehmen. Es ist zu vermuten, daß Kropotkin so sehr auf seine Staatskritik fixiert war, daß er die repressiven Mechanismen anderer Gesellschaftsgefüge nicht recht zur Kenntnis nahm.

Eine eingehende Analyse der Entstehungsbedingungen von Hierarchie und Herrschaft unternimmt er dagegen im Zusammenhang mit dem *Aufkommen des modernen Staates*. In der frühmittelalterlichen ländlichen Gesellschaft bilden sich einerseits die Städte, in denen sich egalitär-freiheitliche Tendenzen weiterentwickeln (vgl. Kapitel 1), andererseits die ersten *Keime staatlicher Herrschaft*. Kropotkin nennt eine Reihe von Minoritäten, die aufgrund bestimmter Voraussetzungen zu Macht gelangen: die Verteidiger des Gebietes gegen neue Einwanderer (militärische Macht); Familien, die das in Vergessenheit geratene Gewohnheitsrecht festschreiben (juristisch-politische, fürstliche Macht); die »Gelehrten« jener Zeit: die Zauberer bzw. Priester (kirchliche Macht).

Von entscheidender Bedeutung ist das Bündnis dieser

Minderheiten, wobei Kropotkin betont, daß es weniger die Durchsetzung militärischer Gewalt als vielmehr die Bildung einer innerpsychischen Ausrichtung auf juristische und religiöse Autoritäten ist, welche eine *Hierarchisierung der Gesellschaft* ermöglicht (1896b, S. 15). Setzt dieses Herrschaftsbündnis im 12. und 13. Jahrhundert seine Macht in den ländlichen Gebieten Europas durch, so erfolgt die Zerstörung der kommunalistischen Bewegung in den Städten erst im Laufe des 16. Jahrhunderts. Entscheidend ist, daß die zunehmende Hierarchisierung der städtischen Gesellschaft die (spontanen und freiwilligen) horizontalen Gliederungen zunehmend auszehrt. Eine diesbezügliche Stelle bei Kropotkin verdient, ausführlich zitiert zu werden: »Im Laufe des sechzehnten Jahrhunderts treten moderne Barbaren auf, um diese ganze Kultur der Städte des Mittelalters zu zerstören. Diese Barbaren vernichten sie wohl nicht völlig, aber sie hemmen doch ihren Lauf für zwei bis drei Jahrhunderte. Sie geben ihr eine neue Richtung. Sie unterjochen den einzelnen, sie nehmen ihm alle seine Freiheiten, sie heißen ihn die Vereine vergessen, die er sonst auf die freie Initiative und die freie Vereinbarung gründete, und ihr Ziel ist gleichförmige Unterwürfigkeit der gesamten Gesellschaft gegen den Herrn. Sie zerstören alle Bande zwischen den Menschen, indem sie Staat und Kirche als die fortan einzigen Vermittler zwischen den Untertanen einsetzen; indem sie Staat und Kirche zu ausschließlichen Wächtern einsetzen für die Interessen der Industrie, des Handels, der Rechtsprechung, der Kunst, des Gemüts, für welche die Menschen des zwölften Jahrhunderts sich direkt zu vereinigen pflegten. Und wer sind diese Barbaren? – Es ist der Staat: der endlich konstituierte Dreibund des Söldnerführers, des römischen Richters und des Pfaffen – diese drei zu einer wechselseitigen Herrschaftsversicherung vereinigt, zu einer einzigen Macht, welche im Namen des Interesses der Gesellschaft befiehlt und diese Gesellschaft erdrückt« (1896b, S. 22f).

Obwohl sich auch während und nach der Durchsetzung starker Zentralgewalten überall der Widerstand von Volksbewegungen zeigt, zuweilen eruptiv (die Jacquerie 1358 in Frankreich, der Aufstand des Wat Tyler 1381 in England, die Hussitenbewegung in Böhmen u. a.), ist nun die Existenz der Staaten gefestigt. Die *Folgen der Etablierung der Staatsgewalten* sind nach Kropotkin verheerend; bei der Beurteilung der Entwicklung in den Städten wird – wie oft bei Kropotkin – historische Forschung zu vehementer Staatskritik: »Die Unabhängigkeit der Städte vernichten, die reichen Kaufmanns- und Handwerkergilden plündern, den Außenhandel der Städte in seinen Händen zentralisieren und zugrunderichten, sich der ganzen inneren Verwaltung der Zünfte bemächtigen und sowohl den Binnenhandel, als auch die Produktion von Dingen jeder Art, bis in die kleinsten Einzelheiten hinein, einem Schwarm von Beamten unterwerfen – und auf solche Weise Gewerbe und Künste töten, sich der Bürgerwehr und der gesamten Stadtverwaltung bemächtigen, durch seine Steuern die Schwachen zum Vorteil der Starken erdrücken und die Länder durch Kriege ruinieren« – all dies geht auf das Konto der aufsteigenden Staatsgewalt (1896b, S. 31).

Kropotkin widerspricht jenen Historikern, die von einem zwangsläufigen, durch die ökonomische Entwicklung bedingten Niedergang der Dorfgemeinschaften sprechen. Er betont, daß die Staaten mit verschiedenen Mitteln *einen langanhaltenden Kampf gegen Selbstbestimmung und Freiheiten* der Dorfgemeinschaften und städtischen Kommunen führten. Die endgültige Etablierung der Staatsgewalt wurde durch die Abschaffung lokaler politischer Befugnisse besiegelt, was die unmittelbare, persönliche Unterwerfung gegenüber der Zentralgewalt bedeutete, die Einführung des römischen Rechts, einer ausgedehnten Bürokratie und eines oft willkürlichen und korrupten Beamtenapparats, die Monopolisierung von wirtschaftlichen, politischen und kulturellen Funktionen durch den Staat. Nach Kropotkin entsteht im Laufe der frühen Neuzeit mit dem Staat eine Institution, die von den herrschenden Minderheiten geschaffen worden ist, »um die Anknüpfung von Verbindungen zwischen den Menschen zu hindern, um die Entfaltung der lokalen und individuellen Initiativen zu hemmen, um bestehende Freiheiten zu zermalmen und das Aufkeimen neuer zu verhindern« (1896b, S. 41).

Kropotkin argumentiert vor allem sozialpsychologisch, wenn er mit Nachdruck darauf hinweist, daß die Etablierung der zentralen Staatsgewalt zu einer Verarmung des selbstbestimmten gemeinschaftlichen Lebens führt: An die Stelle von Eigeninitiative und Kreativität tritt die freiwillige Knechtschaft, an die Stelle der Solidarität die Ausrichtung auf die staatliche bzw. religiöse Autorität – für Kropotkin bedeutet diese Entwicklung den Verlust einer brüderlichen moralischen und politischen Kultur.

Die Französische Revolution – der Beginn eines revolutionären Zeitalters

Kropotkin betrachtet die Französische Revolution und ihre Vorgeschichte als einen Höhepunkt in der Auseinandersetzung zwischen Freiheit und Herrschaft, zwischen Fremdbestimmung und Autonomie. Die entscheidende Triebkraft bilden dabei *die Bestrebungen des Volkes*. In erster Linie geht es um die Wiedererlangung angestammter Rechte, deren das Volk durch die Etablierung einer zentralen Staatsgewalt beraubt wurde: die Beseitigung der Leibeigenschaft, die erneute Inbesitznahme des Gemeindelandes, das Wiedererlangen lokaler politischer Befugnisse. Zur Verwirklichung dieser Forderungen ist die Abschaffung der Feudalrechte, insbesondere der Feudalabgaben, notwendig. Nach Kropotkin beginnt die Französische Revolution weder mit dem 5. Mai 1789 (Zusammenkunft der Generalstände)[31] noch mit dem Sturm auf die Bastille am 14. Juli. Entscheidend für den Beginn des revolutionären Geschehens sind die Aufstände der Bauern, die zu Anfang des Jahres 1789 mit großer Kraft einsetzen. Viele feudale Abgaben werden (auch in den Städten) schon lange nicht mehr entrichtet, als sich Adel und Klerus am 4. August zu einem Verzicht entschließen – selbstverständlich mit der Forderung nach einer entsprechenden Ablösung.

Kropotkin stellt keineswegs in Abrede, daß es auch eine »Revolte des Mittelstandes«, auch eine bürgerliche »Flut neuer Ideen über die politische Erneuerung der Staaten« gibt. Doch erst deren Zusammengehen mit der Volksbewegung bedeutet Revolution (vgl. 1889, S. 8). Der zentrale Widerspruch zu Beginn der Französischen Revolution besteht zweifellos zwischen Adel und Klerus einerseits und dem Bürgertum und Volk andererseits. Schon sehr bald aber verlagert er sich auf eine *Divergenz zwischen der (erfolgreichen) Bourgeoisie und dem Volk*. Die mittelständischen Milizen bekämpfen die Bauernaufstände, die beinahe vier Jahre andauern, da es zu einer tatsächlichen Abschaffung der Feudalrechte in der Agrargesetzgebung der bürgerlich bestimmten Konstituierenden und Gesetzgebenden Versammlung vorerst nicht kommt. Erst nach dem Ausschluß der Girondisten aus dem Konvent werden die Feudallasten endgültig abgeschafft. Damit aber erlahmt der revolutionäre Impetus der Volksmassen; ein letzter Versuch Robespierres, die Revolution weiterzutreiben, findet nicht mehr ihre Unterstützung. Die Profiteure der Revolution sichern ihre Errungenschaften, Konterrevolutionäre errichten das Direktorium (vgl. 1889, S. 19). Kropotkins »Anklage« gegen die Bourgeoisie hat ihren Grund nicht zuletzt darin, daß sie die Macht des Staates förderte und so einen wichtigen Grundstein legte für den Ausbau staatlicher Macht.

Das 19. Jahrhundert – die langfristige Entwicklung einer revolutionären Situation

Bei seiner Erforschung des 19. Jahrhunderts im Spannungsfeld von Herrschaft und Freiheit gelangt Kropotkin zu einer ambivalenten Beurteilung. Einerseits gelingt es dem Staat, seine Macht zu intensivieren und auszudehnen, andererseits beobachtet Kropotkin eine Krise der ökonomischen und politischen Institutionen sowie eine erhebliche Zunahme von antistaatlicher Gemeinschaftlichkeit.

Das Hauptgewicht seiner Untersuchungen legt Kropotkin auf die Geschichte der Herrschaft. Den Kulminationspunkt erreicht sie im modernen Staat; mit ihm haben Hierarchie und Herrschaft ein nie gekanntes Ausmaß erreicht, und zwar nicht nur als reale (äußerliche) Macht, sondern auch als Verinnerlichung von Herrschaftsdenken bzw. -empfinden. Kropotkin nennt zwei Elemente des modernen Staates, die eine solche *Intensivierung von Hierarchie und Herrschaft* ermöglichen: die allgemeine Wehrpflicht sowie die Übernahme großer Teile des Erziehungs- und Bildungswesens. Im sozioökonomischen Bereich weist Kropotkin auf die staatliche Steuer als Hierarchisierungs- und Herrschaftsinstrument hin, auf die Bildung von Monopolen und auf die staatliche Kriegsführung, vorerst im Sinne imperialistischer Feld- und Raubzüge. In dem Aufsatz »Der moderne Staat«, den er in den Jahren 1912 und 1913 geschrieben haben dürfte, zeigen sich jedoch auch deutliche Hinweise auf einen drohenden innereuropäischen bzw. weltweiten Krieg.

All diese Elemente rufen *die Idee der Allmacht des Staates* hervor, welche die Menschen der zweiten Hälfte des 19. Jahrhunderts in einer ähnlichen Weise beherrschte wie der christliche Glaube die Menschen des Hochmittelalters. Besonders in der Hinnahme oder Bejahung der allgemeinen Wehrpflicht zeigt sich eine historisch gesehen neuartige, totalitäre Durchsetzung staatlicher Macht: »Der junge Mann setzt nicht bloß sein Leben aufs Spiel, nein, in seiner freiwilligen Knechtschaft geht er weiter als der Leibeigene. Er erlaubt seinen Vorgesetzten, in sein Liebesleben einzugreifen, er verläßt das Weib, das er liebt, er nimmt das Gelübde des Zölibats auf sich und setzt seinen Ruhm darein, wie ein Automat Vorgesetzten zu gehorchen... Die Leibeigenen des 20. Jahrhunderts lassen sich selbst die Gräßlichkeiten, die Greuel des französischen Strafbataillons in Afrika gefallen, ohne sich zu empören« (1913, S. 52).

Der staatlichen Steuer mißt Kropotkin eine erhebliche Bedeutung für die Totalisierung der Macht des Staates im

19. Jahrhundert bei. Die Bereicherung der Besitzenden mit Hilfe der staatlichen Steuer ist die eine Seite, wesentlicher jedoch für die Ausweitung von Herrschaft ist *die Steuer als Mittel zur Proletarisierung* der Schwachen. Mit der Erhebung einer – wenn auch niedrigen – Steuer verlieren unzählige Bauern und Handwerker ihre Existenzgrundlage. Sie werden zu für die Industrialisierung benötigten Proletariermassen, die in die Zwangslage geraten, ihre Arbeitskraft für den niedrigsten Preis verkaufen zu müssen. Kropotkin beschreibt diesen Vorgang der Proletarisierung durch die staatliche Steuer an verschiedenen Beispielen. Aus seiner Zeit führt er die englische Politik in Südafrika an: Um die Schwarzen zu Arbeitskräften in den Minen zu machen, werden ihre Hütten mit einer (Geld-)Steuer belegt; bezahlt werden kann sie nur dann, wenn mindestens ein Mitglied der Familie in den Bergwerken – zu einem minimalen Lohn – arbeiten geht. Auf gesetzlichem Wege wäre eine solche Proletarisierung nicht machbar gewesen, so daß Kropotkin zu dem Urteil kommt: »Die Steuer hat sanft und heimlich zuwege gebracht, was der Gesetzgeber offen zu tun nicht wagen durfte« (1913, S. 58).

In diesem Zusammenhang weist Kropotkin auf *die Bedeutung des Staates für die Wirtschaft* hin: »Hat der Kapitalismus dazu beigetragen, den modernen Staat zu schaffen, so dürfen wir nicht übersehen, daß auch das Umgekehrte gilt: der moderne Staat erzeugt und ernährt den Kapitalismus« (1913, S. 58). Deutlich wird dieser Zusammenhang an den *Monopolen*. Hier erweist sich der Staat als eine Institution zur Umverteilung des Reichtums, am deutlichsten in der Kolonialpolitik der europäischen Staaten. Kropotkin weist auf die ungeheuren Vermögen hin, die von den kapitalistischen Kompagnien angehäuft wurden, und hebt hervor:: »Kapital und Staat sind zwei Parallelgebilde, deren eines ohne das andere unmöglich ist« (1913, S. 70).

Im Stadium des imperialistischen Hochkapitalismus nimmt der Staat seine Funktion auf destruktive Art und Weise wahr: er führt *Krieg*. Nicht nur für den Staat wird der Krieg für die innere und äußere Festigung seiner Macht notwendig; in dieser historischen Phase ist auch eine Weiterentwicklung der Industrie ohne Krieg nicht mehr denkbar. Absatzmärkte müssen geschaffen werden, und da sich die industrielle Produktion zunehmend auch in den nichteuropäischen Ländern entwickelt, z. B. in Indien oder Japan, ist für die Sicherung des Nachschubs an Rohstoffen sowie der Verkaufsmöglichkeiten für europäische Güter Gewalt notwendig – in Form von kleinen und auch großen Kriegen. Außerdem profitiert ein großer Teil der Industrie vom Krieg. Dieser gigantische Einsatz von Produktivkräften zur Erzeugung von Gütern, deren Zweck es ist, andere Güter zu zerstören und selber zerstört zu werden, kann nach Kropotkin nicht ohne krisenerzeugende Folgen für die wirtschaftliche Entwicklung bleiben.

Auch wenn die Ausdehnung der Herrschaft im 19. Jahrhundert ein nie zuvor gekanntes Maß erreicht, wird die zweite historische Strömung (Freiheit, Gemeinschaftlichkeit, gegenseitige Hilfe) nicht vollständig verdrängt. Kropotkins Kritiker vermeinten zuweilen, sich über seine »weltfernen Ideen« lustig machen zu müssen, wenn er beispielsweise im Internationalen Postverein, im Roten Kreuz und in den internationalen Eisenbahnlinien Institutionen sah, die das Prinzip der gegenseitigen Hilfe verkörperten, mehr noch, wenn er sie als Vorboten einer kommenden, libertär-kommunistischen Gesellschaft interpretierte (1887c).

Kropotkins Analyse mag, insbesondere aus heutiger Perspektive, tatsächlich etwas Verwegenes haben; nichtsdestoweniger sind die genannten Institutionen ein Beleg dafür, daß Vereinbarungen über komplexe Sachverhalte durchaus ohne staatliche (Zwangs-)Maßnahmen zu erzielen sind. In der Tat ist es Kropotkins hauptsächliches Anliegen, nachzuweisen, daß auch am Ende des 19. Jahrhunderts *Manifestationen gegenseitiger Hilfe und freier Vereinbarung* vorhanden sind, obwohl der Staat eine ungeahnte Machtfülle zur Reglementierung des gesellschaftlichen und persönlichen Lebens angesammelt hat. Am deutlichsten sichtbar sind solche gemeinschaftlichen Zusammenschlüsse in der Arbeiterbewegung (Gewerkschaften, Arbeitervereinigungen zu verschiedensten gegenseitigen Hilfeleistungen wie Bildung etc.).

Im Antagonismus von staatlich-autoritären und freiwillig-gemeinschaftlichen Strömungen sieht Kropotkin das Potential für eine baldige grundlegende Veränderung der Verhältnisse. Dieses revolutionäre Potential wird um so virulenter, als gegen Ende des 19. Jahrhunderts eine Krise der bürgerlichen Welt deutlich zutage tritt. Wie erwähnt sieht Kropotkin in der zunehmenden Militarisierung einen wichtigen Grund für die sich verschärfende *ökonomische Krise*, die sich in Armut weiter Bevölkerungskreise, in Arbeitslosigkeit, im Zerfall großer Industrien und in der Verödung von Städten zeigt (vgl. 1885, S. 21 ff).

Mit der ökonomischen Krise einher geht eine schwerwiegende *Krise des Staates*. Zwar hat der Staat seinen Wirkungsbereich bis in die privatesten Angelegenheiten seiner Bürger ausgeweitet, doch hat er seine Kraft verloren. Kropotkin spricht davon, daß sich die europäischen Staaten in einem Zersetzungsprozeß (»La décomposition des états«) befinden. Die Aufblähung des bürokratischen Apparats, vor allem aber die – für den Staat notwendigen – Kriege führen zu einer immer größer werdenden Verschuldung. Von ebensolcher Bedeutung ist *ein moralischer Zersetzungsprozeß*. Die einstmals vorhandene solidarische Sittlichkeit kann im kapitalistischen System nicht weiterbestehen: Die Ungleichheit in der Besitzverteilung und in den Lebensbedingungen, die Ausbeutung des Menschen durch den Menschen, die Beherrschung der Massen durch einige wenige zerstören eine allgemeine Solidarität als Grundlage des gesellschaftlichen Lebens. Zum moralischen Zersetzungsprozeß gehören auch die bürgerliche Doppelmoral sowie die scheinheilige Moral der Religionen: »Sie entheben den Einzelnen von seinen moralischen Verpflichtungen gegenüber seinesgleichen und auferlegen ihm solche lediglich gegenüber einem höchsten Wesen – einer unsichtbaren Abstraktion, deren Zorn man beschwören und deren Wohlwollen man kaufen kann, wenn man nur seine sogenannten Diener gut bezahlt« (1885, S. 35). Überhandgenommen habe die »Geldsack-Moral«.

Für Kropotkin kann aus dieser Situation – dem Anwachsen der gemeinschaftlich orientierten Volksbewegung und der Krise der herrschenden bürgerlichen Welt – nur *eine* Entwicklung hervorgehen: *die soziale Revolution*. Vor allem in den um 1880 entstandenen, in »Paroles d'un révolté« gesammelten Aufsätzen sprach Kropotkin von dieser bevorstehenden Umwälzung, die zwangsläufig eine anarchistisch-kommunistische sein werde. Die italienische Ausgabe dieses Sammelbandes im Jahre 1904 nimmt Kropotkin zum Anlaß, seine damalige »Prophezeiung« einer *Überprüfung* zu unterziehen (vgl. 1904). Kropotkin räumt ein, daß im letzten Vierteljahrhundert nicht nur keine revolutionäre Entwicklung stattgefunden hat, sondern daß auch die Hoffnung darauf weitgehend verlorengegangen sei. Der Hauptgrund für seine damalige Fehleinschätzung sei die ungenügende Beachtung der Folgen gewesen, welche die Zerschlagung der Pariser Kommune gehabt habe. Der revolutionäre Impetus Frankreichs sei zerstört, die französische Intelligenz ausgelöscht worden. Das habe u.a. zu einer Vorherrschaft des deutschen Geistes in Europa geführt, der nie eine revolutionäre Kraft besessen habe.

Abgesehen von dieser Gegenüberstellung von romanischen und germanischen Völkern bzw. Kulturen, die in Kropotkins Werk und Leben nicht unbedeutend, anläßlich des Ausbruchs des Ersten Weltkriegs auch verhängnisvoll[32] war, interessiert heute jedoch seine Begründung, warum die Krise des industriell-kapitalistischen Systems mitsamt seiner Staatsgebilde nicht zu deren endgültigem Zusammenbruch führte. Kropotkin sieht den Grund dafür in der *kolonialen Expansion*. Diese ermöglicht durch skrupellose Ausbeutung und Bereicherung vor allem eine Kompensation der durch unsinnige Investitionen, Spekulationen und Rüstungsausgaben verlorengegangenen Gelder. Die auf diese Weise geschaffenen Reichtümer ermöglichen auch eine »Pazifizierung« der europäischen Arbeiterbewegung: »Man macht dem europäischen Arbeiter gerne einige Konzessionen, der Staat wird gerne seine Kinder in der Schule ernähren, er wird ihm sogar einige Franken Ruhegeld bezahlen, wenn er das 60. Lebensjahr erreicht hat – vorausgesetzt, daß er der Bourgeoisie hilft, Sklaven zu erobern und in Asien und Afrika Vasallenstaaten der Börse zu schaffen« (1904, S. 261).

Kropotkin stellt hier Zusammenhänge her, die in letzter Zeit beispielsweise von *Sambal Oelek* (Pseudonym für

Andreas Müller) in seinem Buch »Die Linke in den Wechseljahren« eingehend dargestellt wurden. Müller bringt das auf sozialistischer Seite immer wieder erwartete Ende des kapitalistischen Systems in Verbindung mit der Theorie der »Langen Wellen« des russischen Ökonomen Kondratieff. Diese Enderwartung wurde immer während der Abschwungsphase der erwähnten Zyklen besonders augenfällig. Auch Kropotkin schrieb die erwähnten Aufsätze in einer solchen Periode. Nach 1893 organisierte sich das kapitalistische System jedoch neu, strukturelle Anpassungen überwanden längerfristig die Krise. Der Aufschwung, der damit einsetzte, hatte vor allem mit der Ausweitung des Imperialismus zu tun[33].

6. Ein wissenschaftlicher Anarchismus?

In der »International Encyclopedia of the Social Sciences« wird als Kropotkins besondere Leistung hervorgehoben, daß er der anarchistischen Theorie eine wissenschaftliche Begründung gegeben habe[34]. Kropotkin selber betont immer wieder, er entwerfe kein gesellschaftliches Wunschbild, sondern ein Konzept des menschlichen Zusammenlebens, das wegen seiner wissenschaftlichen Fundierung am besten geeignet sei, die menschlichen Bedürfnisse zu befriedigen. Dem wissenschaftlichen Sozialismus der Marxisten will er einen wissenschaftlichen Anarchismus gegenüberstellen. Als Grundlage seines Anarchie-Modells gibt er zweierlei an: 1. die Kritik hierarchischer Organisationen und autoritärer Konzepte, welche er vom Standpunkt seiner wissenschaftlichen Anthropologie leistet, und 2. »die Analyse der Tendenzen, welche sich in den fortschrittlichen Bewegungen der Menschheit zeigen« (1901, S. 58). Natur – denn Anthropologie bedeutet für Kropotkin die Erforschung der *natürlichen* Bedingungen des Mensch-Seins – und Geschichte sind für ihn die Quellen der Erkenntnis zur Gestaltung der besten Form des Zusammenlebens.

Ist der Anarchismus eine Naturwissenschaft?

In der kurz nach der Jahrhundertwende geschriebenen Arbeit »Moderne Wissenschaft und Anarchismus« befaßt sich Kropotkin eingehend mit der Definition seines Anarchismus-Begriffs und dessen wissenschaftlicher Begründung und Einordnung in die Bewegungen des 19. Jahrhunderts. Dort heißt es: »Der Anarchismus ist eine Weltanschauung, die auf einer mechanischen (es wäre besser zu sagen: kinetischen, doch dieser Ausdruck ist wenig bekannt) Erklärung aller Naturerscheinungen beruht und die gesamte Natur umfaßt – inbegriffen das Leben der Gesellschaften. Seine Forschungsmethode ist die der exakten Naturwissenschaften, bei welchen jede wissenschaftliche Folgerung verifiziert werden muß. Sein Ziel ist die Begründung einer synthetischen Philosophie, welche die Äußerungen des gesamten Naturlebens erfaßt – mit eingeschlossen das Leben der menschlichen Gesellschaften mit ihren wirtschaftlichen, politischen und sittlichen Problemen« (1901, S. 46). Was *die Wissenschaftlichkeit der anarchistischen Theorie* betrifft, macht die Passage deutlich, daß Kropotkin die Anwendung von Methoden der exakten Naturwissenschaften auf die Bereiche des Humanen meint. Die Bedeutung dieses Gedankens für Kropotkins Werk wird an einer anderen Stelle in derselben Schrift noch expliziter formuliert: »Hat der Anarchismus recht mit seinen Schlußfolgerungen? Das wird uns einerseits die wissenschaftliche Kritik seiner Grundlagen und andererseits das praktische Leben zeigen. Aber in einem Punkte ist der Anarchismus unzweifelhaft im Recht. Das ist sein Standpunkt, daß er das Studium der Gesellschaftsinstitutionen als ein Kapitel der Naturwissenschaften betrachtet, daß er für immer der Metaphysik den

Rücken gekehrt hat und daß er sich für die Beweisführung jener Methoden bedient, die unsere gesamte moderne Wissenschaft sowie unsere heutige materialistische Philosophie begründen half« (1901, S. 134f). Die *Verpflichtung auf die naturwissenschaftliche Forschungsmethode* beinhaltet für Kropotkin in erster Linie eine Abkehr von jeder Metaphysik, von unklaren Verallgemeinerungen und Begriffen, wie z. B. »Geist des Universums« oder »Fleischwerdung der Idee«, auch von der »Hegelschen Trilogie«[35]. Sie bedeutet ebenfalls eine Abkehr von der Anerkennung von »Wahrheiten«, die lediglich aufgrund der Autorität bestimmter Institutionen bzw. Persönlichkeiten bestehen. Die Anwendung naturwissenschaftlicher Methoden im Bereich des menschlichen Lebens soll in der vorbehaltlosen Untersuchung der Gegenstände allein mit Hilfe des Beobachtens und Experimentierens, des Analysierens und der Hypothesenbildung, des Ableitens und Schlußfolgerns bestehen (vgl. 1901, S. 352).

Es muß nicht betont werden, daß Kropotkin hier keineswegs neuartige Forderungen aufstellt – er selber verweist auf *das aufklärerische Denken des 18. Jahrhunderts* und darüber hinaus auch auf die Bemühungen seiner Zeit, naturwissenschaftliche Methoden auf die Erforschung des menschlichen Lebens anzuwenden, z. B. in der Psychologie. Diese ist nach Kropotkin eindeutig der Physiologie zuzurechnen, »und in der Tat haben die neueren Forschungen der Physiologen ein unendlich klareres Licht auf die Mechanismen des Denkens, auf die Erzeugung der Eindrücke, ihre Fixierung im Gedächtnis sowie ihre Übermittlung geworfen, als es den Metaphysikern mit ihren subtilen Definitionen und Erörterungen möglich war« (1901, S. 29).[36]

Die Verpflichtung der Human- und Sozialwissenschaften auf die Naturwissenschaften findet bei Kropotkin ihre Begründung in der Annahme, daß der Mensch ein Naturwesen sei und nichts anderes als das: »Und da der Mensch ein Teil der Natur ist und da sein persönliches und soziales Leben ebenso gut eine Naturerscheinung ist als das Wachstum einer Blume oder die Entwicklung des Gesellschaftslebens unter den Ameisen und Bienen – darum ist kein Grund vorhanden, warum wir – beim Übergang von der Blume zum Menschen, vom Dorf der Biber zur Stadt der Menschen – die Untersuchungsmethode aufgeben sollten, die uns bisher dermaßen dienlich war, um eine andere im Bereich der Metaphysik zu suchen« (1901, S. 49). Für Kropotkin gibt es an der *Gleichsetzung von Mensch und Natur* keinen Zweifel, sie ist Bestandteil seines Weltbildes, in dem »die mechanischen Erscheinungen zur Erklärung der gesamten Natur, des organischen, intellektuellen und sozialen Lebens, das wir darin entdecken, genügen – auch wenn sie – je mehr wir von der Physik zu den Manifestationen des Lebens übergehen – immer komplizierter werden« (1901, S. 20).

Die Gleichsetzung von Mensch und Natur führt bei Kropotkin zu einer naturwissenschaftlichen Untersuchung der natürlichen Bedingungen des Mensch-Seins. Vor allem in seinen Studien zu »Mutual Aid« sammelt er – aus eigener Anschauung und aus der bestehenden Literatur – empirisches Material, aus dem er die in Kapitel 1 dargestellten Ergebnisse gewinnt. Was die Theoriebildung als Grundlage seines Anarchie-Konzeptes betrifft, so ist vor allem auf seine Modifikation der Darwinschen Evolutionslehre hinzuweisen: Zwar spielen die konkurrierenden Elemente bei der innerartlichen Entwicklung der Lebewesen auch eine Rolle, doch von größerer Bedeutung sind gegenseitige Hilfe und Kooperation sowie spontanes und voluntaristisches Handeln. Diese Faktoren sind für Kropotkins Anthropologie konstitutiv. Sie bilden in zweifacher Hinsicht den Bezugspunkt für seine politische Philosophie: Erstens untersucht und bewertet er bestehende Gesellschaften oder Gesellschaftskonzepte, indem er nach den Entfaltungschancen der freiheitlichen Kräfte fragt. Zweitens entwirft er ein Gesellschaftsmodell, in dem sich die natürlichen Elemente des menschlichen Seins weitgehend entfalten können. Eine Erweiterung erfährt dieses naturalistische Denkmodell durch seine Einordnung in einen historischen Zusammenhang.

Die Anarchie – eine Extrapolation historischer Tendenzen

Es kennzeichnet Kropotkins kommunistisch-anarchistisches Gesellschaftsmodell, daß er dessen Verwirklichung in naher Zukunft erwartet. Diese eschatologische Perspektive teilt Kropotkin mit vielen Sozialisten, nicht nur seiner Zeit; doch leitet er sie aus ganz andersgearteten historischen Beobachtungen und Interpretationen ab. Es lohnt sich daher darzustellen, welche geschichtlichen Implikationen am Ende des 19. Jahrhunderts eine mögliche Basis für den kommunistischen Anarchismus bilden und welche historischen Tendenzen seiner Konkretisierung förderlich sein könnten.

Wie im vorausgegangenen Kapitel deutlich wurde, findet sich bei Kropotkin ein antagonistisches Geschichtsverständnis. Im Gegensatz zum Marxismus handelt es sich jedoch nicht um Widersprüche zwischen – in erster Linie wirtschaftlich bestimmten – sozialen Klassen, sondern um die Gegensätze von Freiheit und Herrschaft, von Egalität und Hierarchie, von Gemeinschaftlichkeit und Vereinzelung, die sich selbstverständlich in Klassengegensätzen manifestieren können. Ebenfalls im Gegensatz zum Marxismus betrachtet Kropotkin den historischen Verlauf nicht als einen dialektischen Prozeß: Es besteht zwar ein Wechselverhältnis zwischen den beiden geschichtsbildenden Tendenzen, doch eine Entwicklung im Sinne eines kontinuierlichen Fortschreitens der Geschichte auf ein bestimmtes Ziel hin postuliert Kropotkin nicht. Bestimmte *zyklische Abfolgen* lassen sich in der Weltgeschichte zwar nachweisen, sie beginnen aber jeweils an anderen Orten völlig von neuem. Einmal schreibt er nach einigen Hinweisen zum historischen Verlauf der ägyptischen Hochkultur: »Die Entwicklung beginnt von vorne in Assyrien, in Persien, in Palästina. Sie durchläuft dort von neuem die gleichen Phasen; die Horde, die Dorfgemeinde, die freie Stadt, den allmächtigen Staat – den Tod« (1896b, S. 44).

Als eine späte Epoche des Übergangs betrachtet Kropotkin seine eigene Zeit. Die Entwicklung der Neuzeit mit der Installierung des modernen Staates und des kapitalistisch-industriellen Systems geht ihrem Ende zu; entstehen wird eine libertär-kommunistische Gesellschaft. Nach den Erfahrungen des 20. Jahrhunderts stellt sich mit Nachdruck die Frage, welche geschichtsphilosophischen Prämissen Kropotkin zu der *Überzeugung von einer zwangsläufigen Entwicklung zum Zusammenbruch des kapitalistischen Systems und zur Errichtung einer kommunistischen Gesellschaft* gelangen ließen? Abgesehen davon, daß Kropotkin für das Ende des 19. Jahrhunderts eine schwerwiegende Krise in der Welt der Herrschenden einerseits und ein starkes Anwachsen revolutionärer Bestrebungen im Volk andererseits diagnostiziert, gibt er drei Aspekte der historischen Entwicklung an, die den Übergang zum freien Kommunismus zu einer vermeintlichen Notwendigkeit machen: einen anthropologischen, einen sozioökonomischen und einen philosophischen.

Die Annahme einer Tendenz zu egalitär-freiheitlichem Zusammenleben ist Teil von Kropotkins Anthropologie; die gegenseitige Hilfe bzw. der Geselligkeitstrieb können sich nur im Rahmen einer kommunistischen Gesellschaft entfalten. Diese quasi natürlichen Antriebe drängen stetig darauf hin, die entsprechenden Rahmenbedingungen für ein entfaltetes menschliches Leben zu schaffen. Kropotkin ist überzeugt, daß *die Tendenz zu einem freien Kommunismus in der menschlichen Natur verankert* sei. Sie zeigt sich für ihn in der Beobachtung, daß jedesmal, wenn die Verhältnisse in Europa es erlaubten, die Menschen sich daran machten, ein egalitär-freiheitliches Zusammenleben zu schaffen. In jenen Perioden, in denen die Regierungsmacht infolge partieller oder allgemeiner Auflehnung oder anderer Gründe erschüttert war, kam es zu großen Fortschritten im ökonomischen und intellektuellen Bereich (1892, S. 30). Kropotkin betont, daß diese Tendenz zum Kommunismus nichts mit dem menschlichen Selbsterhaltungstrieb zu tun habe, denn sie werde gerade dann stärker, wenn die grundlegendsten Bedürfnisse eines jeden befriedigt seien; sie findet nicht nur in der gegenseitigen Hilfe eine Basis, sondern auch im menschlichen Streben nach stetiger Vervollkommnung (1892, S. 30).

Die zweite Bestätigung für die Tendenz zu einer libertär-kommunistischen Gesellschaft findet Kropotkin in der sozioökonomischen Entwicklung seiner Zeit. Eine *historische Tendenz zur Gemeinschaftlichkeit* zeigt sich u.a. im Fortschreiten der Technologie sowie im System der industriell-kapitalistischen Gesellschaft selbst. Daß der Gedanke des Sozialismus sich rasch ausbreitet, auch in der arbeitenden Klasse (1887a, S. 105), und daß die wachsende Tendenz der modernen Gesellschaft der freie Kommunismus ist, hat seine Gründe nach Kropotkin in zwei Elementen der hochindustrialisierten Gesellschaft: 1. Die Industrialisierung bringt einen ungeheuren Zuwachs an Produktivkräften und eine gewaltige Akkumulation der Reichtümer. Da jedoch die Eigentumsverhältnisse eine sehr unterschiedliche Verteilung der Reichtümer bedingen, nimmt die *materielle Ungleichheit in der industrialisierten Gesellschaft* in einem starken Maße zu. Zudem bedeutet die Industrialisierung, die für alle Beteiligten mehr Freiheit und Entlastung von Plackerei bedeuten könnte, für die Arbeiter gerade einen Zuwachs an Belastung und Ausbeutung, vor allem in den zentralisierten Formen der Fabrikarbeit. Da durch den wirtschaftlichen Fortschritt einerseits und durch die Agitation der Arbeiterbewegung andererseits das Bewußtsein der Arbeiter für ihre Lage geschärft wird, entsteht nach Kropotkin ein Verlangen nach mehr Gleichheit und somit nach Umgestaltung der Gesellschaft in einem libertär-kommunistischen Sinne: Die Arbeiter fordern dabei nicht nur materiellen Wohlstand, sondern auch den Genuß von Wissenschaft und Kunst (vgl. 1887a, S. 105 ff). Nicht Verelendung, sondern die Wahrnehmung eklatanter sozialer Unterschiede führt zu einer revolutionären Motivation. Aus historischer Sicht muß allerdings angemerkt werden, daß die Verwirklichung von mehr Gleichheit nicht zwangsläufig zum kommunistischen Anarchismus führt, sondern unterschiedlichste politisch-soziale Ausdrucksformen annehmen kann; im Falle des politischen Erfolgs führt sie zu diversen institutionellen Antworten, vom sozialdemokratischen »Wohlfahrtsstaat« bis hin zur stalinistischen Diktatur.

2. Kropotkin spricht von einem »*sozialen Charakter der heutigen Produktion*«, welche den modernen Gesellschaften eine libertär-kommunistische Form aufzwinge (1896a, S. 7). Damit meint er die Tatsache, daß die Industrialisierung zu einer vielfältigen Verflechtung der verschiedenen wirtschaftlichen Tätigkeiten führt, die eine Gemeinschaftlichkeit in der Ökonomie, welche Zielsetzung sie auch haben mag, notwendig macht. Unterschiedlichste Zusammenschlüsse im Sinne eines amorphen Nebeneinander sind die Folge (vgl. 1887b, S. 18).

Hinzu kommt ein philosophischer Aspekt: Die Anarchie ist für Kropotkin nicht nur eine Taktik oder Utopie, sie ist auch die *Verwirklichung der am weitesten fortgeschrittenen Stufe der Philosophie im sozialen Leben*. Diese neue Philosophie entwickele sich so mächtig, daß sie für das kommende Jahrhundert die bestimmende sein werde. Dementsprechend betrachtet er die anarchistische als die bestimmende soziale Bewegung der Zukunft, wobei er zwei Momente hervorhebt.

Zum einen diagnostiziert Kropotkin, ausgehend von der Astronomie, in den Wissenschaften seiner Zeit einen Paradigmawechsel. Seit Kopernikus und Newton stand die Sonne als Kraftzentrum im Mittelpunkt des Kosmos. Neuere Entdeckungen zeigten jedoch, daß auch von unzähligen kleinen Körperchen, von den Molekülen, Kraft ausgehe. Kropotkin spricht in diesem Zusammenhang von einer *Dezentralisierung der Kräfte* (1896a, S. 3). Übertragen auf die belebte Natur und somit auch auf den Menschen, bedeutet dies eine stärkere Betonung des einzelnen Wesens. Für den Biologen geht es nicht mehr um die Veränderung einer Art; vielmehr sind die Veränderlichkeiten einer Art lediglich die »Resultanten, Summen von Veränderungen, die sich in jedem Individuum getrennt vollziehen« (1896a, S. 3). In der Psychologie wird der Mensch gesehen als »eine Vielheit getrennter Fähigkeiten, autonomer Neigungen, die unter sich gleichwertig sind, aber unabhängig von einander funktionieren, sich beständig ausgleichen und befehlen« (1896a, S. 4).

Angesichts des Fehlens einer zentralen Kraft – sei es Gott, ein Weltgeist, ein Gesetz etc. – stellt sich zum anderen die Frage, warum die Welt kein Chaos ist. In seiner »Rede über den Anarchismus« führt Kropotkin dazu aus: »Wenn *eine gewisse Harmonie in der Natur* besteht, wenn jede Sache und jedes lebende Wesen sich mehr oder weniger den Bedingungen, in denen sie existieren, angepaßt finden, so ist dies der Fall, weil sie Produkte dieser selben Bedingung sind. Es ist das Milieu, welches sie zu dem macht, was sie sind. Das freie Spiel der aufbauenden und zerstörenden Kräfte schafft selbst die Dinge, welche das dauerhafteste Gleichgewicht zwischen diesen verschiedenen Kräften darstellen« (1893, Teil III). Kropotkin spricht von vorübergehenden Gleichgewichtszuständen, die sich ständig modifizieren – man könnte in diesem Zusammenhang von »Fließgewichten« sprechen. Der Wechsel, nicht das Festgefügte, ist das eigentliche Leben der Natur. Allerdings können diese Gleichgewichtszustände von sehr langer Dauer sein; dies ist in der unbelebten Natur in viel stärkerem Maße der Fall als in der belebten. Auch die Veränderung der Zustände kann unterschiedliche Formen annehmen; sie können evolutionär oder in Form von Revolutionen vor sich gehen.

In der anarchistischen Gesellschaft, und nicht in einer autoritären Tendenz, sieht Kropotkin beide Elemente der neuen Philosophie verkörpert, weshalb sie für ihn die zukünftige Form des menschlichen Zusammenlebens darstellt: Sie ermöglicht die vollständige Entwicklung der Individualität und zugleich eine Gesellschaft, welche »die Harmonie im stetig wechselnden und flüchtigen Gleichgewicht zwischen den vielfachen und verschiedenen Kräften und Einflüssen jeder Natur sucht, die ihrem Lauf folgen, und die, gerade dank der Freiheit, sich am hellen Tage zeigen und ausgleichen zu können, die ihnen günstigen Energien auslesen können, wenn sie sich dem Fortschritt zuwenden« (1896a, S. 6).

Hat Kropotkin tatsächlich eine wissenschaftliche Begründung der anarchistischen Theorie geleistet? In der heutigen Zeit, in der sich Skepsis gegenüber der Wissenschaft, der Erkenntnis überhaupt, wie nie zuvor ausgebreitet hat, stellt sich die Frage, ob eine gesellschaftliche Theorie überhaupt wissenschaftlich zu begründen sei. Meines Erachtens liegt Kropotkins Bedeutung *nicht* in der »Verwissenschaftlichung« des Anarchismus; zu sehr ist er in dieser Hinsicht dem Denken des späten 19. Jahrhunderts verhaftet. Anders als in seiner Stellungnahme zur Industrialisierung muß Kropotkin hinsichtlich seiner Erkenntnis- und Wissenschaftstheorie als ein kritikloser Bewunderer des seine Zeit prägenden, auf die Erfolge in Wissenschaft und Technik verweisenden Fortschrittdenkens betrachtet werden. Er beachtet zwar durchaus den Zusammenhang von Sozial- und Wissenschaftsgeschichte, er weiß um die

Abhängigkeit wissenschaftlicher Forschungstätigkeit von Interessen sowie kulturellen Werten und Normen einer bestimmten Gesellschaft. Im Hinblick auf eine naturwissenschaftlich orientierte Forschung, auch hinsichtlich seines eigenen Denkens, zieht er derartige Zusammenhänge jedoch nicht in Betracht. Darin liegt einer der Hauptgründe für Kropotkins Fehlinterpretation gewisser sozialer Erscheinungen seiner Zeit – nicht selten ist sein Erkenntnisinteresse nur die Bestätigung der Theorie der gegenseitigen Hilfe. Im ausgehenden 19. Jahrhundert läßt sich zwar tatsächlich eine zunehmende Vergesellschaftung beobachten. Die sozioökonomische Entwicklung erreicht die Stufe des »organisierten Kapitalismus«, der liberale Nachtwächterstaat wird zum modernen Verbände- bzw. Interventionsstaat. Die bürgerliche Gesellschaft organisiert sich immer stärker, nach beruflichen oder wirtschaftlichen Interessen, nach quasi-ständischen Kriterien, wie Geschlecht, Konfession usw.. Auch in den Bereichen der Politik, der Freizeit, der Geselligkeit entstehen zunehmend freie Zusammenschlüsse.

Es ist jedoch ein grundlegendes Mißverständnis Kropotkins, all diese Zusammenschlüsse auf nicht-staatlicher Basis als egalitär und herrschaftsfrei zu betrachten und in ihnen Vorboten einer freiheitlich-kommunistischen Gesellschaft zu erkennen. Ähnliches gilt auch für seine Beurteilung der beginnenden Arbeiterbewegung: Daß sich auch diese nichtstaatliche Form gesellschaftlichen Zusammenschlusses durchaus hierarchisch und autoritär entwickeln konnte, zeigt die Geschichte zur Genüge.

Schwerer als die Vernachlässigung dieser außerwissenschaftlichen Faktoren fällt für Kropotkins Erkenntnistheorie jedoch *die Gleichsetzung von Mensch und Natur* ins

Gewicht, weil sie einen zentralen Faktor seiner Theoriebildung darstellt, und zwar in allen Bereichen seines Denkens. Für Kropotkin bildet sie ein konstitutives Element der Argumentation für seine Anthropologie (Kooperationsfähigkeit), seine Ethik (Gerechtigkeitsgefühl), seine Geschichtsphilosophie (Einheit von Natur- und Humangeschichte) und für seine soziale Utopie (Herrschaftslosigkeit, Dezentralisation). Für Kropotkin bestehen offenbar ausschließlich zwei Möglichkeiten der Betrachtungsweise: Entweder der Mensch ist mit der Natur identisch, dann kann er nur naturwissenschaftlich erforscht werden, oder der Mensch steht in einer Differenz zur Natur, dann gehört die Beschäftigung mit ihm in den Bereich der Religion bzw. Metaphysik. Daß auch diese Differenz wissenschaftlich zu erforschen wäre, liegt außerhalb seiner Erwägungen. Lediglich aus seiner Zeit heraus ist Kropotkins Stellungnahme verständlich, befand sich doch damals der Streit um Natur- und Gesellschaftswissenschaften auf seinem Höhepunkt.

Eine Anmerkung zugunsten Kropotkins ist hier immerhin zu machen. Cantzen, der Kropotkins Theorie der gegenseitigen Hilfe in dieser Weise erkenntnistheoretisch kritisiert (vgl. Kapitel 1), nimmt ihn gegen heutige anarchistische Theoretiker in Schutz (Cantzen, S. 214). Bookchin mache die in der Natur festgestellten Ordnungsprinzipien in einem direkten Analogieschluß zu Forderungen an eine humane Gesellschaft: Die Natur sei vielfältig, dezentral, komplementär und nicht-hierarchisch – daher solle auch die Gesellschaft nach diesen Prinzipien strukturiert werden. Wie problematisch solche Analogien seien, zeigten der Sozialdarwinismus oder die nationalsozialistische Rassenlehre. Kropotkin dagegen stellt lediglich Affinitäten zwischen Organisationsformen der Natur und seiner anarchistisch-kommunistischen Utopie fest: Er zieht Beispiele aus den Naturwissenschaften zur Veranschaulichung seiner gesellschaftlichen Auffassung heran – »nicht, um unsere sozialen Ideen davon abzuleiten. – Keineswegs« (1896a, S.1). Für Kropotkin geht es bei der Gleichsetzung von Mensch und Natur vielmehr um eine methodische Frage; aus ihr ergibt sich die Forderung nach einer naturwissenschaftlichen Erforschung des Humanen.

Über die Zeitbedingtheit hinaus ist zu betonen, daß Kropotkins Verabsolutierung der objektiven, naturwissenschaftlichen Erkenntnis im Widerspruch zu seinen eigenen anarchistischen Grundpositionen steht. Sie schafft *eine neuartige Form von Autorität*, auch wenn Kropotkin nie einer Expertokratie als Organisationsform des gesellschaftlichen Lebens das Wort redet und einräumt, daß der Anarchismus seine Wurzeln nicht in der Wissenschaft, sondern in den Volksbewegungen habe. Das autoritäre Denkmuster zeigt sich jedoch bis in den Sprachgebrauch hinein: »Unzweifelhaft *im Recht*« – so heißt es an der bereits zitierten Stelle – befinde sich der Anarchismus, wenn er sich der naturwissenschaftlichen Methode bediene – eine Formulierung, die allenfalls in der normativen Ethik, in der Rechtsprechung oder in der Theologie ihren Platz haben kann, in Bereichen also, denen Kropotkin ansonsten äußerst distanziert gegenübersteht. Mit dieser Wissenschaftsauffassung befindet sich Kropotkin dann auch im Gegensatz zu den meisten anderen anarchistischen Denkern – in völligem Gegensatz steht er zu dem, was sich heute als »anarchistische Erkenntnistheorie« bezeichnet[37].

Überträgt man Kropotkins Anforderungen an Wissenschaft auf *sein eigenes Denken und Forschen*, so ist zweierlei festzustellen. Kropotkin war ein durchaus seriöser, wissenschaftlicher Forscher, nicht nur auf dem Gebiet der Geographie, seiner ursprünglichen Domäne. Auch in seinen anthropologischen Arbeiten bedient er sich der induktiv-deduktiven Methoden und berücksichtigt viel empirisches Material, auch wenn er es gelegentlich zugunsten seiner Hypothese von der gegenseitigen Hilfe als Entwicklungsfaktor zurechtbiegt. In seinen sozialökonomischen, politischen und ethischen Arbeiten dagegen verfährt er nicht im strengen Sinne naturwissenschaftlich. All seine diesbezüglichen Untersuchungen, Analysen und Entwürfe sind bestimmt von ethischen Aprioris, allen voran ein ausgeprägter Begriff von sozialer Gerechtigkeit – vielleicht liegt darin gerade auch eine seiner Stärken, vielleicht macht dieser Aspekt seines Denkens gerade auch seine Aktualität aus. Zu seiner Auffassung von naturwissenschaftlichem Forschen scheint diese ethische Orientierung nicht in Widerspruch zu stehen, betont Kropotkin doch, daß wissenschaftliches Forschen nur fruchtbar sein könne unter der Bedingung, daß es sich ein bestimmtes Ziel setze. Dieses Ziel, das der Anarchismus als Wissenschaft verfolgt, liegt in der Antwort auf die Frage: »Welche sozietären Formen sichern einer gegebenen Gesellschaft, und weiterhin der Menschheit die größte Summe Glückes, und folglich auch die größte Lebenskraft? Welche Formen der Gesellschaft sind am meisten geeignet, ein ständiges Wachsen und Entwickeln dieses Glückes in quantitativer und qualitativer Hinsicht zu gewährleisten, d.h. dies Glück zu einem stets vollkommneren und vielseitigeren zu machen?« (1901, S. 50).

Exkurs: Anarchistische Kritik an Kropotkin

Kropotkin kann als derjenige anarchistische Theoretiker gelten, dessen Gedanken die stärkste Wirkung auf die anarchistische Bewegung ausübten. Er ist auch einer der wenigen, dessen Schriften über den Kreis der Anarchisten hinaus Beachtung fanden. Der Grund dafür liegt in erster Linie in seiner überragenden Persönlichkeit, seiner breiten und fundierten Bildung, seinem Renommé als Wissenschaftler sowie in seiner unermüdlichen Arbeit für die anarchistische Idee.

Gerade bei dieser überragenden Bedeutung setzt die Kritik seiner Gesinnungsgenossen ein – eine Kritik, die lange nicht geäußert werden konnte, wollte man nicht als Häretiker gelten, die schließlich aber von jenen vorgebracht wurde, die Kropotkin selber nahestanden und zu den intelligentesten Denkern des Anarchismus gehören: Errico Malatesta[38], Max Nettlau[39], Saverino Merlino, auch James Guillaume, Gustav Landauer u. a.

Insbesondere was die Entwicklung der anarchistischen Theorie betrifft, hatte die Stärke von Kropotkins Persönlichkeit und Werk auch negative Wirkungen. Mit dem zunehmenden Ansehen Kropotkins bildete sich eine eigentliche »Jüngerschaft« heraus, »*ein blindes Kropotkinvertrauen*«, wie Nettlau schreibt (Nettlau, Bd. IV, 1981, S. 32). An die Stelle der Analyse der jeweiligen historischen Verhältnisse und der im sozialen Kampf gemachten Erfahrungen traten die Lektüre und die Exegese von Kropotkins Schriften – der fundamentale Widerspruch zwischen dieser Entwicklung und den Prinzipien des Anarchismus (radikale Kritikfähigkeit, Eigenverantwortlichkeit, Selbstbestimmung etc.) fiel nur wenigen auf. Nettlau beklagt auch, daß es wegen der unkritischen Rezeption Kropotkinscher Ideen zu keiner lokalen Differenzierung der anarchistischen Bewegung mehr kam (Nettlau, Bd. II, 1927, S. 257).

Doch die anarchistische Kritik beschränkt sich nicht auf dieses (von Kropotkin mehr oder weniger losgelöste) Phänomen. Zum einen gibt es eine persönliche Kritik: Kropotkin habe keine Einwände bzw. Diskussionen zugelassen (Nettlau, Bd. IV, 1981, S. 455; Malatesta, 1980, S. 58). Zum anderen – und das ist in unserem Zusammenhang wesentlich – gibt es auch eine inhaltliche Kritik, die Kropotkins Konzeption *neue autoritäre Tendenzen* anlastet. Insbesondere Kropotkins Versuch, den einzig richtigen Weg zur Erlangung der Anarchie bzw. die einzig richtige Form der zukünftigen kommunistischen Gesellschaft zu entwickeln, wird als nicht freiheitlich kritisiert. Seine Polemik gegen den Kollektivismus (Organisation des Konsums gemäß individueller Arbeitsleistung) und sein als einzig richtig verordneter Verteilmodus (»Jedem nach seinen Bedürfnissen«) ließen den sozialen Einheiten keine Wahlmöglichkeiten und somit keine kreative Selbstbestimmung.

In Zusammenhang steht diese Verordnung des »richtigen« anarchistischen Ideals mit *Kropotkins wissenschaftlichem Anarchismus*. Gegen diese Forderung nach Wissenschaftlichkeit wenden sich seine Kritiker, am schärfsten Nettlau: »Ebensowenig wie durch Marx in den Sozialismus, kam durch Kropotkin die Wissenschaft in den Anarchismus, sondern nur mit großem Talent und gläubigster Überzeugung die Erhebung einer Hypothese zum Dogma, dem gegenüber alles andere in Staub zu zerfallen schien« (Nettlau, Bd. IV, 1981, S. 99). Kropotkins (Natur-)Wissenschaftsverständnis beinhaltet überdies eine weitgehende

Systematik des Denkens. Landauer dagegen betont: »Die Anarchie ist kein fertiges und totes Gedankensystem; die Anarchie ist das *Leben* der Menschen, die dem Joche entronnen sind« (zit. bei Nettlau, Bd. IV, 1981, S. 467 f). Gegen eine Erstarrung in Kropotkins Gedankenentwicklung wendet sich auch Nettlau. Er erachtet im Vergleich zu Kropotkins detaillierter Vorwegnahme der Zukunftsgesellschaft »die Idee Bakunins, diese unmittelbare Befriedigung der Volkswünsche, auch der Volksrache sich selbst zu überlassen« als psychologisch richtiger (Nettlau, Bd. IV, 1981, S. 43). In seiner »wissenschaftlichen« Systematik erweist sich Kropotkin als ein spätes Kind des frühen 19. Jahrhunderts. Seine Kritiker sind moderner, sie treten als Systemzerstörer auf und befinden sich damit in Übereinstimmung mit philosophischen Strömungen, die das 20. Jahrhundert und insbesondere die Gegenwart stark beeinflußten (Nietzsche, Existentialismus u. a.).

Die Erneuerung von Autorität beinhaltet auch Kropotkins *rigider Moralismus*, obwohl dies sicherlich nicht in seiner Absicht lag. Damit Kropotkins Vorstellungen von der neuen Gesellschaft nach einer Revolution verwirklicht werden könnten, mußten die Menschen physische und moralische Höchstleistungen erbringen. Merlino weist darauf hin, daß mit »vollkommenen Individuen«, mit »vollständiger Solidarität« – zumindest unmittelbar nach der Revolutionierung der bürgerlichen Gesellschaft – nicht zu rechnen sei (vgl. Nettlau, Bd. IV, 1981, S. 98). Selbst wenn viele Menschen aus eigenem Antrieb solchen Anforderungen entsprechen könnten, dürfe dies von den übrigen nicht verlangt werden (vgl. Nettlau, Bd. IV, S. 312). Merlino fordert daher anstelle des »Amorphismus« der kommunistischen Anarchisten eine dauerhafte Organisation, die entsprechende Pläne ausarbeite. Eine ähnliche Argumentation findet sich bei Nettlau: »Indem Kropotkin in die kommunistische Arbeitsweise ›jeder nach seinen Fähigkeiten‹ die Anforderung legte: jeder nach seinen besten und ganzen Fähigkeiten, und indem er ferner als Verteilungsmodus seltener Produkte unbedingt die Rationierung aufstellte oder Verteilung an Kinder, Kranke und Schwache, proklamierte er selbst einen delikaten Gefühlen entsprechenden Modus für Arbeit und Genuß, der eine viel größere moralische Gebundenheit darstellt als das, was er kollektivistisches Lohnsystem nannte« (Nettlau, Bd. IV, S. 61).

In Kropotkins rigidem Moralismus sowie in seinem »universellen laisser-faire« (Merlino) liege die *Gefahr der Unfreiheit und Fremdbestimmung des Individuums*. Maßstab für die anarchistische Gesellschaft ist jener Mensch, der nach seinen besten und ganzen Fähigkeiten für die Gesellschaft tätig ist. Nach ihm hat sich jeder zu richten, was letztlich zu einer Diktatur der Öffentlichkeit über das Individuum führe. Zudem stellt sich die Frage, wer denn darüber befindet, ob jemand nach seinen Kräften arbeitet bzw. nach seinem Bedürfnis konsumiert – das Individuum selber oder die Gesellschaft? (vgl. Merlino, zit. bei Kropotkin 1976, S. 397) Merlino befürchtet auch, daß neue Ungleichheiten und Ungerechtigkeiten entstehen, da die Menschen in ihrer Lebensart verschieden sind. Eine Begrenzung der individuellen Willkür ist daher vonnöten (vgl. Merlino, zit. bei Kropotkin 1976, S. 399).

Die anarchistische Kritik an Kropotkin mag zuweilen überspitzt sein: Eine starre Vorwegnahme der Zukunftsgesellschaft läßt sich bei ihm – bei einer Betrachtung sine ira et studio – nicht finden. Zu sehr betont er die Vielfalt und die stetige Veränderbarkeit der sozialen Einheiten – gerade diese garantieren erst die (stets vorübergehende) Harmonie des menschlichen Zusammenlebens. Sicherlich zu Recht verweist diese Kritik jedoch auf eine autoritäre Tendenz in Kropotkins Werk, die dem anarchistischen Ideal entgegensteht; m. E. hat sie ihre Wurzeln in erster Linie in Kropotkins Wissenschaftsverständnis (vgl. Kapitel 6).

In unserem Zusammenhang sind noch einige andere Kritikpunkte erwähnenswert. Vor allem Malatesta widerspricht *Kropotkins Optimismus*, insbesondere bezüglich einer bevorstehenden Revolution und eines möglichen wirtschaftlichen Überflusses (Malatesta, 1980, S. 63 f). Für zu optimistisch halten Kropotkins Kritiker auch seine Einschätzung des revolutionären Potentials und der solidarischen Fähigkeiten des Volkes (vgl. Nettlau in Kropotkin 1902b).

Kritisiert wird auch ein für den Anarchisten Kropotkin *befremdlicher Nationalismus*: Nicht erst 1914 vermeinte er eine Polarisierung der europäischen Völker in eine romanisch-slawische und eine germanische Gruppe feststellen zu können, die – aufgrund ihrer Geschichte und ihres Volkscharakters – unterschiedliche gesellschaftliche Tendenzen verträten: eine anarchistisch-kommunistische bzw. eine autoritär-etatistische Linie (vgl. Nettlau, Bd. III, S. 39 ff). Nettlau weist darauf hin, daß Kropotkin sich wegen dieser Animosität gar nicht ausreichend mit den Verhältnissen in Deutschland beschäftigt habe. Um so mehr seien seine nationalistischen Stellungnahmen zu kritisieren, die übrigens bei Bakunin in ähnlicher Weise zu finden sind, zumal sie in der anarchistischen Bewegung erhebliches Unheil anrichteten (Nettlau, Bd. V, 1984, S. 125 ff).

Auch Kropotkins sozioökonomische Vorstellungen werden einer gründlichen Kritik unterzogen. In unserem

Zusammenhang ist die Kritik an seiner Forderung nach Autonomie der sozialen Einheiten von Interesse. Nettlau betont, daß eine *wirtschaftliche Autarkie* immer eine Abschließung nach außen auf allen Ebenen bedeute und daß somit auch bald einmal »die Ideen zu zirkulieren aufhören und sich lokal nur kümmerlich entwickeln – von den Fortschritten gar nicht zu reden« (Nettlau, Bd. IV, 1981, S. 30). Darüber hinaus könnten in solch kleinen, in sich geschlossenen, geradezu familiären Einheiten auf informellem Wege leicht autoritäre Strukturen entstehen (vgl. Nettlau, Bd. IV, S. 312).

Die anarchistischen Kritiker bestreiten keineswegs, daß Kropotkins kommunistischem Anarchismus eine starke Überzeugungskraft innewohnt. Doch nicht so sehr seine gedankliche Stringenz sei dafür ausschlaggebend, sondern vielmehr sein Versprechen auf eine nahe und leicht zu erreichende bessere Zukunft, das dem Wunschdenken (nicht nur) jener Zeit entsprach. In Fritz Brupbachers Memoiren finden sich Sätze, die diesen Sachverhalt trotz ihres apodiktischen Tons treffend charakterisieren: »Stark im Sinne des Optimismus beeinflußten mich die neuen Bücher Kropotkins, die ich durch Erich Mühsam kennen lernte. Seine außerordentlich starke Betonung der Macht des ›Guten‹, Sozialen im Menschen, das In-den-Hintergrund-Stellen des Egoismus, ist ja gewiß falsch, hat aber fast etwas Erlösendes, gehört zu jenen prächtigen Lügen, die man von Zeit zu Zeit gern zu sich nimmt, wie etwa einen Whisky oder einen Benediktiner. Es ist ein prächtig Stück schöner Lüge und Poesie, die aus den Werken von dem feudalen Anarchisten Kropotkin herausquillt«[40].

Schluß

Was Kropotkin am ehesten zu einem typischen Vertreter des 19. Jahrhunderts macht und ihn daher veraltet erscheinen läßt, ist sein Anspruch, dem Anarchismus eine (natur-) wissenschaftliche Grundlage zu geben und sein Bild von einer humanen Zukunftsgesellschaft streng nach eindeutigen, (natur-)wissenschaftlichen Ergebnissen zu entwerfen. Abgesehen davon, daß ein solches Vorgehen aus heutiger erkenntnistheoretischer Sicht unter ökologischen Gesichtspunkten diskutabel erscheint, errichtet Kropotkin damit neue Fesseln und Normen, die das menschliche Leben in bestimmte Muster zu zwingen versuchen. Nachdem Kropotkin staatliche Gewalt und wirtschaftliche Ausbeutung als unmenschlich und ungerecht zurückgewiesen hat, rekurriert er selbst für seine soziale Utopie auf eine festgeschriebene »menschliche Natur« und Regeln einer solidarischen Gemeinschaft, die unter gewissen Umständen ebenso tyrannisch die Lebensweise der Menschen diktieren können. Dieser Widerspruch zu den anarchistischen Idealen wurde bereits einigen seiner Zeitgenossen bewußt. Damit soll der Wissenschaft nicht ihre Bedeutung für die Gestaltung eines menschengerechten Zusammenlebens abgesprochen werden. Doch ihre Aufgabe muß es sein, das Leben zu befreien statt in neue Zwänge zu nötigen, denn es gehorcht nicht ausschließlich Gesetzmäßigkeiten, sondern wird auch von Spontaneität und Kreativität bestimmt.

Als Beispiel sei lediglich *ein* Wissenschaftler zitiert, der unermüdlich dieser Auffassung das Wort redete. Nicht zufällig ist es der Psychoanalytiker Paul Parin, der sich selber als einen »moralischen Anarchisten« bezeichnet. Zwischen den von ihm u.a. entwickelten Strömungen der Psychoanalyse und dem Anarchismus bestehen vielfältige Verbindungen[41]. Parin schreibt von »ewig rebellierenden, subversiven, ihrer Natur nach ungebärdigen Triebansprüchen«, »vom subversiven Potential, von der lustbereitenden und die gesellschaftlichen Konventionen sprengenden Kraft der sexuellen Triebe«. Was Parin im weiteren über seine eigene Tätigkeit schreibt, gilt cum grano salis für jede Humanwissenschaft: Psychoanalytiker sein bedeutet, »Entdecker verborgener Triebkräfte und Anwalt unterdrückter Lebendigkeit« zu sein; Ziel seiner Tätigkeit ist nicht »Heilung«, nicht »Herstellung oder Wiederherstellung eines Zustandes, irgendeiner erwünschten Norm«. Befreiung im psychoanalytischen Sinne bedeutet eine Stärkung der autonomen Kräfte der Person, bedeutet eine größere Unabhängigkeit »von den sozialisierenden Faktoren, also von den Erziehungspersonen, von den Wünschen und Forderungen der großen Gestalten der Kindheit, sodann von sozialen Pressionen, unter denen ein Erwachsener lebt». Ziel der psychoanalytischen Utopie ist jenes nichthierarchische menschliche Zusammenleben, das jene Befindlichkeiten stiftet, »die man Solidarität nennt, praktische Hilfsbereitschaft und freundschaftliches Anteilnehmen am persönlichen Schicksal«[42].

Parin stützt sich auf eine dynamischere Auffassung von Wissenschaft als Kropotkin. Allerdings ist einschränkend zu sagen, daß sich Kropotkin in seinem Denken nicht ausschließlich von seinem Wissenschafts- und Anarchismusbegriff leiten läßt. In seiner Kritik stellt Malatesta – nicht ohne Sympathie und Befriedigung – fest, Kropotkin habe für den Bereich des Humanen nicht über die nötigen Voraussetzungen für einen Wissenschaftler verfügt, »nämlich die Fähigkeit, seine Wünsche und Vorurteile zu vergessen, um die Tatsachen mit unbeirrter Objektivität beobachten zu können... Kropotkin war zu leidenschaftlich, um ein genauer Beobachter zu sein« (Malatesta 1980, S. 59f). Dieses emotionale Engagement begründet, so paradox dies klingen mag, seine Aktualität für die heutige Zeit, es hat ihn – zusammen mit seinen wissenschaftlichen Ergebnissen – zu einer Reihe von Einsichten geführt, die nach wie vor ihre Relevanz besitzen. Summarisch sei hier auf sie verwiesen:

1. Der quasi naturgegebenen unversöhnlichen Konkurrenz unter den Menschen, die stets zur Legitimation des staatlichen Gewaltmonopols herangezogen wird, stellt Kropotkin die gegenseitige Hilfe, die Kooperationsfähigkeit und die Solidarität entgegen. Dieses Menschenbild bestimmt seine Kritik an den bestehenden Verhältnissen und seine soziale Utopie.

2. Im Unterschied zu anderen Gesellschaftskritikern seiner Zeit legt Kropotkin auch Wert auf den Nachweis der sozialpsychologischen Folgen jeglicher Staatlichkeit: Atomisierung und Entmündigung führen zum Verlust von sozialer Verbundenheit und kreativer Selbsttätigkeit.

3. Ähnliche Folgen zeitigt das hochentwickelte kapitalistisch-industrielle System. Kropotkin konstatiert sowohl die gewaltige Produktionssteigerung als auch die ungerechte Verteilung des Reichtums, die Massenarmut und den Luxus einer schmalen Elite erzeugt. Er weist jedoch auch darauf hin, daß die individualisierten und monotonen

Arbeitsprozesse zu einer psychischen Verarmung des arbeitenden Menschen führen. Darüber hinaus hat die Zentralisierung und die weltweite Arbeitsteilung regionale Ungerechtigkeiten und eine immense Verschwendung wirtschaftlicher Kapazitäten zur Folge.

4. Entscheidend für eine Neustrukturierung der Gesellschaft sind die Schaffung überschaubarer und vielgestaltiger sozialer Einheiten, ihr dezentralisiertes, »amorphes« Nebeneinander sowie auf lokale Bedürfnisse abgestellte Föderationsmöglichkeiten. Nicht der Zwang einer übergeordneten Instanz, sondern die freie Vereinbarung regelt das Zusammenleben. Eine derartige Gesellschaftsstruktur bindet den Menschen in ein tragfähiges soziales Netz ein.

5. Die technischen Möglichkeiten der Industrialisierung erlauben eine Überflußgesellschaft. Das bedeutet, daß die wirtschaftliche Tätigkeit nicht mehr notwendigerweise durch die Frage bestimmt wird: Was vermögen wir zu produzieren? Die Ökonomie könnte sich von der Aufgabe leiten lassen, die menschlichen Bedürfnisse zu befriedigen.

6. Technische Entwicklung und gesteigerte Produktionsmöglichkeiten bedeuten noch nicht zwangsläufig einen Fortschritt in der menschlichen Entwicklung. Kropotkins Fortschrittsbegriff umfaßt die gesamte menschliche Existenz.

7. Die Produktivkraftentwicklung ist nicht der ausschlaggebende Faktor für den geschichtlichen Prozeß; entscheidend ist vielmehr das menschliche Handeln.

Zwei Fragestellungen, die im Laufe der Darstellung nur punktuell sichtbar wurden, sollen abschließend in ihrem Zusammenhang dargelegt werden: das Verhältnis von Individuum und Gesellschaft sowie Kropotkins Naturbegriff.

Auch wenn Kropotkin der Geselligkeit des Menschen,

seinem Aufgehobensein in einer sozialen Verbundenheit sehr große Bedeutung beimißt, übersieht er doch nicht das natürliche Streben nach individueller Autonomie und Freiheit. Seine gesellschaftliche Utopie beinhaltet denn auch eine dreifache Befreiung: die Emanzipation des Menschen vom Joch des Kapitals, der Regierung und der religiösen Moral. Es war nie Kropotkins Absicht, die gegenseitige Hilfe als einzigen Faktor in der Menschheitsentwicklung darzustellen. Er leugnete nicht den »Kampf ums Dasein«, das Streben nach Selbsterhaltung, das Verlangen nach persönlichem Glück. Dieses zwiespältige Bestreben kennzeichnet jedes Leben: »Es gehört immer zu ihm und bildet eine seiner grundlegenden Eigenschaften, unabhängig von den Veränderungen des Lebens auf unserem Planeten« (1922, S. 20).

Kropotkin betont, eine Grundbedingung jeder heutigen Theorie der Sittlichkeit bestehe gerade darin, die »Selbsttätigkeit des Einzelnen« nicht zu hemmen, im Namen welcher (höheren) Ziele auch immer. Den Individualismus der Neuzeit allerdings kritisiert er – nicht wegen eines Zuviel an Forderungen für das Individuum, sondern wegen seiner Einseitigkeit. Die Rechte der Persönlichkeit hätten nur im wirtschaftlichen Bereich ihre Anerkennung gefunden: »Was die anderen Gebiete – das politische, geistige, künstlerische – betrifft, so kann man sagen, daß in demselben Maß, wie der wirtschaftliche Individualismus sich mit steigender Kraft durchsetzte, die Unterdrückung der Persönlichkeit durch die militärische Organisation des Staates, durch sein Erziehungssystem und seine zur Stütze der bestehenden Ordnung notwendige geistige Disziplin immer zunahm« (1922, S. 25).

Kropotkin kritisiert auch den Nietzscheanischen Individualismus[43]; sein »Übermensch«, sein im Vergleich zu Goethe einseitig verstandenes Genie könne nur unter der Bedingung »Übermensch« sein, daß ihm ausreichend »Sklaven« zur Verfügung ständen. Damit befinde er sich wiederum in einem Abhängigkeitsverhältnis, das die Freiheit des Individuums nur vermindere (vgl. 1902b, S. 273f). Der bürgerliche Individualismus habe keine wirkliche Befreiung des Menschen gebracht. Dies zeige sich darin, daß gerade eine »ungenügende, zum Herdentrieb führende Entwicklung der Persönlichkeit« und ein »Mangel an persönlicher schöpferischer Kraft und Unternehmungsgeist« die größten Unzulänglichkeiten seiner Zeit seien, die zwar den Individualismus predige, die Grundlagen zu individueller Verwirklichung jedoch nicht geschaffen habe (1922, S. 26). Kropotkin stellt dem bürgerlichen Individualismus einen anarchistischen gegenüber. Die Verwirklichung dieses Individualismus sieht er in einem »lebendigen, kraftvollen Menschen, der fähig ist, das Liebenswerte zu lieben und das Hassenswürdige zu hassen« (1922, S. 26). An anderer Stelle schreibt Kropotkin: »Wir anerkennen die volle und die ganze Freiheit des einzelnen; wir wollen die Vollständigkeit seiner Existenz, die freie Entwicklung aller seiner Eigenschaften« (1890, S. 29). Kropotkin nennt den anarchistischen Individualismus »Personalismus« oder »pro sibi communisticum« und definiert ihn folgendermaßen: »Die Individualität, welche in der Praxis die weitestmögliche Entwicklung in bezug auf die wenigen grundlegenden Bedürfnisse erreicht hat, ebenso in den Beziehungen zu anderen Menschen im allgemeinen, d. h. die höchste kommunistische Geselligkeit« (1902b, S. 274). Individualität und Sozialität stehen demnach in einem engen, unauflösbaren Wechselverhältnis.

Nach Kropotkin ist es Aufgabe der Ethik und der Sozialphilosophie, Modelle anzugeben, wie die Destruktivität des spannungsreichen Verhältnisses von Individuum und Gesellschaft aufgehoben und ihre Potentiale zur Intensivierung der menschlichen Gemeinschaft genutzt werden können. Dabei kann es nicht um Kompromisse gehen, auch nicht um das Aufsuchen jener Grenze, an der die Freiheit des einen aufhört und die des anderen beginnt. Es geht darum, »das Gemeinsame zweier Reihen entgegengesetzter Gefühle im Menschen zu finden und so den Menschen zu helfen, ihre Synthese, ihre Verallgemeinerung zu finden« (1922, S. 21).

Das kommunistisch-anarchistische Gemeinwesen schafft die Bedingungen, unter denen sich sowohl das Individuum als auch die Gesellschaft am besten entwickeln können. Die Grundlage für die vollständige Entwicklung der Individualität stellt die freie Vereinbarung dar. Das Individuum geht mit der Gesellschaft auf freiwilliger Basis Verbindungen ein – Gesellschaft bedeutet dabei nicht etwas Abstrakt-Anonymes, sondern all jene sozialen Einheiten, zu denen das Individuum in Beziehung treten kann. Weder die sozialen Einheiten noch die Vereinbarungen sind durch positives Recht festgelegt; das Individuum hat die Möglichkeit, die Vereinbarungen mit Zustimmung der Gesellschaft zu modifizieren bzw. soziale Einheiten zu verlassen und sich anderen anzuschließen. Diese »stets wandelbare Verbindung« ermöglicht nach Kropotkin eine (zeitweilige) Harmonie von Individuum und Gesellschaft, ohne daß diese durch den Zwang von Gesetzen, Gewohnheiten oder den Druck der Öffentlichkeit hergestellt wird.

Auch die Gesellschaft, das heißt die jeweilige soziale Einheit, hat die Möglichkeit, sich gegen individuelle Willkür zu schützen – Kropotkin nimmt nicht an, daß jedes Individuum mit den Interessen der sozialen Einheit in Übereinstimmung steht. Auch wenn Asozialität in erster Linie das Resultat einer Gesellschaftsform ist, die der menschlichen Natur widerspricht, so schließt er ihr Vorhandensein in der Anarchie nicht völlig aus. In »La conquête du pain« gibt es eine Stelle, die deutlich macht, wie sich Kropotkin die Reaktion der Gesellschaft auf »Asoziale« vorstellt: »1200-1500 Arbeitsstunden im Jahre, geleistet in einer der Gruppen, welche die Nahrung, die Kleidung, die Behausung produzieren oder in der öffentlichen Gesundheitspflege oder im Verkehrsgebiete usw. tätig sind – das ist alles, was wir von euch verlangen, um euch dafür alles das zu garantieren, was diese Gruppen produzieren oder produziert haben. Doch wenn keine der Tausenden von Gruppen unserer Föderation euch aufnehmen will – aus welchem Motive es auch sein möge –, wenn ihr absolut unfähig sein solltet, etwas Nützliches zu produzieren, oder ihr euch weigern solltet, es zu tun, nun, so lebet als Isolierte oder wie die Kranken. Wenn wir reich genug sein werden, so daß wir euch nicht das Notwendige zu versagen brauchen, so werden wir erfreut sein, dieser Menschenpflicht genügen zu können. Ihr seid Menschen und ihr habt ein Recht zu leben. Da ihr euch aber unter besondere Bedingungen stellen und die Reihen der Genossen meiden wollt, so ist sehr wahrscheinlich, daß ihr dies in euren täglichen Beziehungen zu den anderen Bürgern zu fühlen bekommen werdet. Man wird euch betrachten wie ein Gespenst aus der bürgerlichen Gesellschaft und euch fliehen – sofern nicht Freunde, die in euch ein Genie entdeckt haben, sich beeilen, euch von jeder moralischen Verpflichtung zu befreien, indem sie der Gesellschaft die euch zufallende, für die Lebenserhaltung notwendige Arbeit für euch mitleisten. Und wenn euch auch dies nicht gefällt, so gehet und suchet, ob ihr anderswo in der Welt für euch günstigere Bedingungen findet, oder suchet Anhänger zu finden und bildet mit diesen andere Gruppen, die sich nach anderen Prinzipien organisieren. Wir werden die unsrigen vorziehen« (1892, S. 145 f). Auch wenn in diesem Zitat sichtbar wird, daß die Trennungslinie zwischen der Freiheit des Individuums und der Tyrannei der Gesellschaft durchaus fließend sein kann, so sind den Interventionsmöglichkeiten der Gesellschaft doch enge Grenzen gesetzt. Kropotkin verdeutlicht dies an alltäglichen Beispielen: Niemand hat das Recht, »die Hausfrau dazu zu zwingen, aus dem Kommunemagazin die bereits gargekochten Kartoffeln zu beziehen, wenn sie es vorzieht, diese in *ihrem* Kochtopf, auf *ihrem* Feuer zu kochen. Und namentlich wollen wir, daß jeder seine Nahrung nach seinem Belieben zu sich nehmen kann, im Kreise seiner Familie oder mit seinen Freunden oder auch im Restaurant, wenn er letzteres vorzieht« (1892, S. 61 f).

Wie erwähnt haben die anarchistischen Kritiker auf die Problematik von Kropotkins Ideen über das Verhältnis von Individuum und Gesellschaft hingewiesen. Man wird ihnen nicht ohne weiteres zustimmen können, wenn sie annehmen, daß bei der Verwirklichung von Kropotkins Konzept nahezu unweigerlich eine Diktatur der Gesellschaft über das Individuum entstehen werde. Allerdings ist diese Gefahr auch nicht auszuschließen, insbesondere wenn man weitere Äußerungen Kropotkins zu dieser Frage einbezieht. Es gehe darum, »in der Gesellschaft eine Atmosphäre zu schaffen, in der die meisten ganz impulsiv, ohne zu schwanken, gerade die Handlungen ausführen, welche zum Wohle aller und zum größtmöglichen Glück eines jeden Einzelnen führen« (1922, S. 24f). Dafür, daß bei einer solchen »Atmosphäre« für das einzelne Individuum äußerst repressive Mechanismen wirksam werden können, gibt es aus der Geschichte unzählige Beispiele. Solche Prozesse (unausgesprochene Gruppennormen, informeller Gruppenzwang, Bewunderung für bzw. Unterwerfung unter eine nicht-institutionalisierte Autorität etc.) laufen dem anarchistischen Ideal menschlichen Zusammenlebens grundsätzlich zuwider. Auch hier werden die hohen moralischen Anforderungen deutlich, die Kropotkin an den Menschen stellt. Der Diktatur der Gesellschaft zu widerstehen, setzt viel Mut, Eigenverantwortlichkeit und Unabhängigkeit voraus. Auf einfache Art und Weise ist das Spannungsverhältnis von Individuum und Gesellschaft wohl in keinem Gesellschaftsmodell aufzulösen.

Verhindert werden kann die globale Katastrophe nur, wenn die Menschheit ein qualitativ neues Verhältnis zur Natur findet. Eine Alternative zu den gegenwärtigen Verhältnissen muß somit auch ein neues Verständnis von Natur beinhalten. In diesem Zusammenhang ist darauf hinzuweisen, daß bei den Anarchisten, vornehmlich bei Kropotkin und Landauer, ökologisch relevante Denkansätze vorhanden sind. Kropotkins Verständnis des Verhältnisses von Mensch und Natur soll die Einführung in sein Denken abschließen.

Die Gleichsetzung von Natur- und Humangeschichte führte in Kropotkins Denken einerseits zu einigen schwerwiegenden Fehlschlüssen, beispielsweise zur Überschätzung der kooperativen Verhaltensmuster des Menschen. Wie bei den Tieren geht er auch beim Menschen von der Existenz natürlicher Sozialinstinkte aus, ohne in Rechnung zu stellen, daß bei der Evolution zum Menschen eine weitgehende Reduktion der Instinkte erfolgte. Zwar kann man davon ausgehen, daß der Mensch nicht vollständig manipulierbar ist, doch Kropotkins Annahme, die sozialen Instinkte würden sich schließlich durchsetzen, ist unbegründet.

Die Zuordnung des Menschen zur Natur hat jedoch auch eine andere Konsequenz: Natur erscheint bei Kropotkin – im Gegensatz zu den meisten Denkern seiner Zeit – nicht als etwas Feindliches und Bedrohliches. Er ersetzt das damals gängige Konfliktmodell jedoch auch nicht durch ein Harmoniemodell. Sein Naturbegriff ist differenzierter: Der Kampf ums Dasein erhält cin starkes Korrektiv durch die gegenseitige Hilfe, durch kooperative Verhaltensweisen, die auftretende Konflikte mildern. Natur hat durchaus auch eine soziale Komponente. Das Verhältnis von Mensch und Natur ist kein Antagonismus, der nur durch die Herrschaft des Menschen über die karge und bedrohliche Natur aufgelöst werden kann. Weder die äußere Natur noch die menschliche Natürlichkeit müssen dominiert bzw. unterdrückt werden, damit menschliches Leben, damit Gesellschaft und Kultur möglich sind. Diese Betrachtungsweise schließt jene Mentalität aus, die einzig Beherrschung der Natur durch den Menschen gelten läßt bzw. in der Natur nur das Material für die menschliche Bedürfnisbefriedigung sieht.

Verstärkt wird dieses komplementäre Verhältnis von Gesellschaft und Natur durch die Betonung des Gefühls der Verbundenheit mit dem »großen Ganzen«, das bei Kropotkin und, ausgeprägter noch, bei Landauer zu finden ist. Cantzen verweist in diesem Zusammenhang auf Erich Fromms Unterscheidung von »Haben« und »Sein«: »Dem

›Haben‹ entspräche die Mentalität, die Natur als Nicht-Menschliches zunehmend unter die Ordnung und Kontrolle des Menschen bringen zu wollen; die Natur erscheint als Ressource, als bloßes Mittel und Material. ›Haben‹ bedeutet somit Herrschaft. Mit ›Sein‹ hingegen ist das Anerkennen des anderen als anderes zu kennzeichnen. Dem ›Sein‹ entspräche eine Mentalität, die nicht darauf ausgerichtet ist, hierarchische, zwangsintegrative Ordnungen zu schaffen und Selbständigkeiten zu zerstören, sondern auch Fremdes, nicht zu Integrierendes in seiner Selbständigkeit zu belassen... Eine solche ›Seins‹-Mentalität findet sich, wie ich meine, im anarchistischen Denken von Kropotkin und Landauer. Sie schließt nicht eine Mystik aus, aus der heraus Landauer einen ›Wiederanschluß an die Natur‹ postuliert, und ebensowenig jenes Gefühl der Verbundenheit und des Einsseins, auf das Kropotkin hinweist. Diese mit der Kategorie ›Sein‹ zu bezeichnende Mentalität bildet jene ›ökologische Sensibilität‹ aus, die in anderen politischen Theorien nicht zu finden ist« (Cantzen 1987, S. 216).

Kropotkins »ökologische Sensibilität« bleibt nicht im Abstrakten; sie zeigt sich in seinem Gesellschaftsmodell bzw. in der von ihm angestrebten Wirtschaftsordnung. In der dezentral strukturierten Gesellschaft, in der industrielle, handwerkliche, wissenschaftlich-kulturelle und landwirtschaftliche Arbeit eine Einheit bilden, geht der Bezug des einzelnen Menschen zur Natur und zum »großen Ganzen« nicht verloren. Darüber hinaus berücksichtigt diese Art der Produktion auch die ökologischen Zusammenhänge der Natur.

Anhang

Anmerkungen

1 Ausführlicher mit Kropotkin befaßte sich damals m. W. nur eine Studie: Uschi Essbach-Kreuzer/Wolfgang Essbach: Solidarität und soziale Revolution. Antiautoritäre Theorien zur politischen Moral und kollektiven Emanzipation, Frankfurt 1974 (vgl. Kap. II: Utopie und Moral der gegenseitigen Hilfe – Peter Kropotkins anarchistischer Kommunismus, S. 24-58); vgl. auch die phantasievolle Schrift des Niederländers Roel van Duyn: Die Botschaft eines weisen Heinzelmännchens. Das politische Konzept der Kabouter, eine Betrachtung über das philosophische Werk von Peter Kropotkin in Verbindung mit der heutigen Wahl zwischen Katastrophe und Heinzelmännchenstadt (1969), deutsch: Wuppertal 1971. – Über Landauer gibt es eine reichhaltigere Literatur, vgl. Siegbert Wolf: Gustav Landauer zur Einführung, Hamburg: Junius Verlag 1988, S. 122f.

2 Rolf Cantzen: Wider den Dampfmaschinensozialismus. Gustav Landauers Marxismuskritik, in: L'80, H. 41 (März 1987), S. 34-50. Ders.: Weniger Staat – mehr Gesellschaft. Freiheit – Ökologie – Anarchismus, Frankfurt 1987; diesem intelligenten Buch verdanke ich viele Anregungen für die Diskussion der Kropotkinschen Ansätze.

3 »Aux jeunes gens« (1880): Die 8. Auflage (80.000) erschien 1913; übersetzt wurde diese Schrift ins Italienische, Spanische, Portugiesische, Rumänische, Deutsche, Englische, Flämische, Niederländische, Dänische, Norwegische, Schwedische, Tschechische, Polnische, Bulgarische, Griechische, Russische, Lettische, Chinesische, Arabische.

»L'anarchie, sa philosophie, son idéal« (1896): Von der englischen Übersetzung erschienen bis 1909 sechs Auflagen; weitere Übersetzungen ins Deutsche, Niederländische, Italienische, Lettische, Norwegische, Spanische, Portugiesische ...

Die Aufsatzsammlung »Paroles d'un révolté« (1885) erzielte schätzungsweise eine Auflage von 80.000 Exemplaren allein in französischer Sprache (von 160.000 insgesamt).

4 Margarete Prill: Die Theorie des kommunistischen Anarchismus nach Peter Kropotkin, Berlin 1926. – Aurel Friedmann: Das anarchokommunistische System des Fürsten Kropotkin, Köln 1931.

5 Orographie de la Sibérie précédé d'une introduction et d'un aperçu de l'orographie de l'Asie (russ. 1876), Brüssel: Larcier 1904; Aufsätze in den Zeitschriften »Nature«, »The Geographical Journal«, »The Nineteenth Century« u.a.

6 In Russian and French Prisons, London 1887; Les prisons, Paris 1888 (Publications de »La Révolte«) u.a.

7 Russian literature (1905); deutsche Erstausgabe: Ideale und Wirklichkeit in der russischen Literatur, Leipzig 1906 (Neuauflage, Frankfurt/M. 1975)

8 Thomas H. Huxley: The Struggle for Existence (1888), deutsch in: Kropotkin 1902a, S. 296-307, Zitat S. 302

9 Charles Darwin: Die Entstehung der Arten durch natürliche Zuchtwahl (1859), Leipzig 1980, S. 77

10 Charles Darwin: Die Abstammung des Menschen (1871), Stuttgart 1982, S. 125 ff

11 Ebda, S. 132

12 Namentlich die Dorfgemeinschaften der mongolischen Burjaten, der Kabylen in Nordwestafrika, gewisser kaukasischer Bergvölker sowie afrikanischer Stämme. (1902a, S. 137 ff)

13 Karl-Ludwig Schibel: Das alte Recht auf die neue Gesellschaft. Zur Sozialgeschichte der Kommune seit dem Mittelalter, Frankfurt/M. 1985, S. 49

14 Robert A. Nisbet: Cooperation, in: International Encyclopedia of the Social Sciences, Vol. 3, 1968, S. 384-390, Zitat S. 387

15 Vgl. Ashley Montagus Vorwort zu Petr Kropotkin: Mutual Aid, New York 1972

16 Vgl. die Diskussion bei Osofsky: »Kropotkin and Human Nature: Of Altruism, Aggression, and the Genes in the Light of Recent Research« (Osofsky 1979, S. 138ff); vgl. auch Van Duyn: Die Botschaft eines weisen Heinzelmännchens, a. a. O., S. 35ff

17 Eine für seine Zeit überraschende These zur Entstehung von Gerechtigkeit und Gleichberechtigung äußert Kropotkin in seinem Vortrag »Gerechtigkeit und Sittlichkeit« (1888): »Ich wage es, in der Wissenschaft folgende Frage aufzuwerfen: ›Hat nicht die Gerechtigkeit ihre Begründung in der menschlichen Natur? Und wenn es so ist, bildet sie vielleicht doch die grundlegende physiologische Eigenschaft unseres Denkens?‹ Um in der Sprache der Metaphysik zu sprechen, kann man fragen: Bildet nicht der Begriff von der Gerechtigkeit die grundlegende ›Kategorie‹, d. h. die grundlegende Fähigkeit unseres Denkens? Oder, um in der Sprache der Naturwissenschaft zu sprechen: Ist nicht die Neigung unseres Denkens, die ›Gleichberechtigung‹ zu suchen, eine Folge unseres Denkapparats? In diesem Falle, ist es vielleicht die Folge des zweiseitigen oder zweihemisphärischen Baues unseres Gehirns? Ich glaube, wenn man sich mit dieser Frage beschäftigen wird, muß man sie bejahen« (1921, S. 16f)

18 Vgl. z. B. den ersten Paragraphen: »Der Revolutionär ist ein Geweihter. Es gibt für ihn weder persönliche Interessen, noch Geschäfte, Gefühle, Bindungen, er besitzt nichts, nicht einmal einen Namen. Sein Geist wird völlig in Anspruch genommen von einem einzigen, ausschließlichen Gedanken, einer einzigen Leidenschaft: der Revolution.« Zit. nach Michail Bakunin: Gewalt für den Körper. Verrat für die Seele?, Berlin: Kramer 1980, S. 117

19 Vgl. dazu z. B. Klaus Eder: Die Vergesellschaftung der Natur. Studien zur sozialen Evolution der praktischen Vernunft, Frankfurt/M. 1988; aus psychologischer Sicht: Norbert Bischof: Das Rätsel Oedipus. Die biologischen Wurzeln des Urkonflikts von Intimität und Autonomie, München 1985

20 Vgl. die aktuelle Diskussion in den Beiträgen zu dem von Michael Opielka und Georg Vobruba herausgegebenen Sammel-

band »Das garantierte Grundeinkommen. Entwicklung und Perspektiven einer Forderung«, Frankfurt/M. 1986

21 Diese Bezeichnung für Kropotkins soziale Einheiten prägte Martin Buber: Pfade in Utopia (1947), 3. Aufl., Darmstadt 1985, S. 84f

22 Bei Gustav Landauer, der in seinem Konzept einer anarchistischen Gesellschaft Kropotkin sehr nahe steht, ist diese Forderung konstitutiv für seinen Sozialismusbegriff: Sozialismus bedeutet die »direkte Verbindung zwischen Menschen in allen Lebensbereichen ohne ein ›Dazwischentreten‹ von herrschaftlichen Institutionen oder Vermittlern«. (Cantzen 1987, S. 108)

23 Cantzen wertet diese Forderung als eine vorweggenommene Kritik am Sozialstaat »als Mitverursacher an der Zerstörung traditioneller Formen gegenseitiger sozialer Hilfe und konkreter Gemeinschaftlichkeit«. (Cantzen 1987, S. 170)

24 Z. B. Dieter Senghaas: Von Europa lernen. Entwicklungsgeschichtliche Betrachtungen, Frankfurt/M. 1982; Johan Galtung: Self-Reliance, München 1983

25 Vgl. Kropotkin (1899b), S. 330ff und 461ff

26 Es gibt nicht viele Bereiche, in denen sich eine solche Nähe zwischen den Vorstellungen Kropotkins und Bakunins feststellen ließe, wie in der Bildung; vgl. dazu Michail Bakunin: Die vollständige Ausbildung (1869). In: Gesammelte Werke, Bd. 2, Neudruck, Berlin 1975, S. 105-122

27 Zur Aktualität dieser Überlegungen vgl. E. F. Schumacher: Die Rückkehr zum menschlichen Maß. Alternativen für Wirtschaft und Technik, Reinbek 1980

28 Murray Bookchin: Die Ökologie der Freiheit, Weinheim 1985, S. 340f

29 Interessant wäre in diesem Zusammenhang ein Vergleich von Kropotkin mit Mao Tse-tung; Ähnlichkeiten ließen sich auch bei der Integration von Landwirtschaft und Industrie finden.

30 Vgl. Bookchin, der den Versuch unternimmt, den Zerfall organischer Gesellschaften bzw. die Entstehung von Hierarchien in ihren Differenzierungen nachzuzeichnen; vgl. besonders Bookchin: Die Ökologie der Freiheit, a. a. O., Kapitel 3, S. 95ff

31 Die Hundertjahrfeiern der Französischen Revolution 1889 begannen mit dem 5. Mai (vgl. Kropotkin 1889, S. 7).

32 Zur Diskussion von Kropotkins Stellungnahme zum Ersten Weltkrieg vgl. Kropotkin 1976, S. 295-318; bemerkenswert ist die Relativierung der Kritik an Kropotkin durch den Herausgeber dieser Texte, Martin Zemliak.

33 Sambal Oelek: Die Linie in den Wechseljahren. Gedankensplitter im Theorievakuum, Zürich 1985, S. 17 ff

34 Richard Pipes: Kropotkin, Peter. In: International Encyclopedia of the Social Sciences, Bd. 8, 1968, S. 463 ff

35 Kropotkin verweist die dialektische Methode in den Bereich der Metaphysik, ohne je eine gründliche Auseinandersetzung geführt zu haben – ein bemerkenswertes Defizit für einen Denker, der sich in vielen Bereichen gerade durch seine Gründlichkeit auszeichnet.

36 Vielleicht liegt gerade in dieser Reduktion der psychologischen Wissenschaft auf die Physiologie ein Grund dafür, daß Kropotkin die Anfänge der Psychoanalyse Sigmund Freuds nicht zur Kenntnis nahm. Sein Interesse an der neuesten Entwicklung der Wissenschaften war ansonsten groß; die unter dem Titel »Recent Science« in »The Nineteenth Century« (1892-1901) veröffentlichten Forschungsberichte beinhalten Beiträge zu Physik, Astronomie, Biologie, Geographie, Chemie, Medizin, Psychologie etc.

37 Vgl. Paul Feyerabend: Wider den Methodenzwang. Skizze einer anarchistischen Erkenntnistheorie, Frankfurt/M. 1976; ders.: Erkenntnis für freie Menschen, Frankfurt/M. 1979

38 Vor allem »Pietro Kropotkin. Ricordi e critice di un vecchio amico«, in: Studi Sociali (Montevideo) 15. April 1931

39 In seiner »Geschichte der Anarchie« widmete Nettlau (1972 ff) Kropotkin mehrere Kapitel; er referiert seine Ideen aus einer kritischen Distanz und stellt auch die Gegensätze zu anderen Anarchisten ausführlich dar.

40 Fritz Brupbacher: 60 Jahre Ketzer, Zürich 1935, S. 104

41 Vgl. Heinz Hug: »... ein Guerillakampf mit anderen Mitteln«, in: Schwarzer Faden, Nr. 27, März 1988, S. 60-65

42 Ebda, S. 65

43 Kropotkins Fixierung auf seine grundlegenden Gedankengänge erlaubte ihm nicht, andere Wege zu einer tatsächlichen Befreiung des Individuums in Betracht zu ziehen. Daraus resultiert sein Mißverstehen der Philosophie Friedrich Nietzsches und auch Max Stirners.

Literatur

1. Kropotkins hauptsächliche und für die Einführung verwendete Schriften

Abgesehen davon, daß es keine umfassende Ausgabe von Kropotkins Schriften gibt, ist die Situation in bezug auf deutschsprachige Editionen höchst unbefriedigend. Ein Großteil der Ausgaben ist vergriffen, zudem sind die Übersetzungen zum Teil inakzeptabel, vor allem die von Pierre Ramus mit erheblichen Verfälschungen bewerkstelligte Ausgabe von »Paroles d'un révolté«, die mehrfach neuaufgelegt wurde. Von »Moderne Wissenschaft und Anarchismus«, einem für den »späten« Kropotkin aufschlußreichen Werk, gab es 1978 zwar eine Neuauflage, doch wurde versäumt, bei dieser Gelegenheit die stark erweiterte französische Ausgabe aus dem Jahre 1913 zu übersetzen.

Angegeben werden jeweils die erste Publikation eines Textes sowie die deutsche Ausgabe, nach der zitiert wurde. Wird keine deutsche Ausgabe genannt, so stammt die Übersetzung vom Verfasser.

(1885) *Paroles d'un révolté*, hrsg. mit Anm. und Vorw. von Elisée Reclus, Paris: Marpon et Flammarion 1885 (Bibliothèque sociologique); zit. nach der Neuauflage, hrsg. von Martin Zemliak, Paris: Flammarion 1978

(1887a) *The scientific bases of anarchy.* In: »The Nineteenth Century«, Bd. 21, Nr. 120, Februar 1887, S. 238-252
Übersetzung von Hans-Peter Weiss. In: Kropotkin (o.J.), S. 103-119

(1887b) *The coming anarchy.* In: »The Nineteenth Century«, Bd. 22, Nr. 126, August 1887, S. 149-164

Übersetzung: Der anarchistische Kommunismus. Seine Grundlagen und Prinzipien, Berlin: Der freie Arbeiter o. J.

(1887c) *La libre entente*. In: »Le Révolté«, 8. Jg., Nr. 50, 2.-8. April 1887 bis Nr. 16, 23.-29. Juli 1887
Übersetzung in: »Sozialist«, 3. Jg., Nr. 1, 7. Januar 1893, S. 2/3 und Nr. 2, 14. Januar 1893, S. 3/4

(1888) *Le salariat*. In: »La Révolte«, 1. Jg., Nr. 47, 26. August-1. September 1888, bis 2. Jg., Nr. 3, 30. September-6. Oktober 1888
Übersetzung: Das Lohnsystem, Berlin: Verlag »Der freie Arbeiter« o. J. [1894] (Anarchistische Bibliothek, Nr. 5)

(1889) *The Great French Revolution and its Lessons*. In: »The Nineteenth Century«, Bd. 25, Nr. 148, Juni 1889, S. 838-851
Übersetzung: Die Große Französische Revolution und ihre Lehren, übers. von Ulli Schwabe. In: Die Französische Revolution 1789-1794, Berlin: Libertad Verlag 1979, S. 7-24

(1890) *La morale anarchiste*. In: »La Révolte«, 3. Jg., Nr. 24, 1.-7. März 1890 bis Nr. 48, 16.-22. August 1890
Übersetzung: Anarchistische Moral, 3. Aufl., Berlin: Verlag »Freie Jugend« 1922 (»Die schwarzen Bücher«, Bd. 1)

(1892) *La conquête du pain*, Paris: Tresse et Stock 1892 (Bibliothèque sociologique, Bd. 1)
Übersetzung: Der Wohlstand für Alle, übers. von B[ernhard] K[ampffmeyer], Zürich: Sanftleben o. J. [1896]

(1893) *Une conférence sur l'anarchie.* In: »La Révolte«, 6. Jg., Nr. 27, 18.-24. März 1893 bis Nr. 51, 2.-8. September 1893
Übersetzung: Eine Rede über den Anarchismus. In: »Sozialist«, 3. Jg., Nr. 18, 29. April 1893 bis Nr. 44, 28. Oktober 1893

(1896a) *L'anarchie, sa philosophie, son idéal*. Conférence qui devait être faite le 6 mars 1896 dans la salle du Tivoli-Vauxhall à Paris, Paris: Stock Juni 1896 (Bibliothèque sociologique, Bd. 9)

Übersetzung: Der Anarchismus. Seine Philosophie – sein Ideal, mit einem Vorw. von Rudolf Rocker, Berlin: Der freie Arbeiter 1923

(1896b) *L'état: son rôle historique*. In: »Les Temps nouveaux«, 2. Jg., Nr. 34, 19.-25. Dezember 1896 bis Nr. 10, 3.-9. Juli 1897
Übersetzung: Die historische Rolle des Staates, übers. von Ladislaus Gumplowicz. In: Kropotkin (o.J.), S. 5-45

(1899a) *Fields, Factories and Workshops*, Boston: Houghton, Mifflin & Co. 1899
Übersetzung: Landwirtschaft, Industrie und Handwerk, oder: Die Vereinigung von Industrie und Landwirtschaft, geistiger und körperlicher Arbeit, übers. nach der englischen Ausgabe von 1912 von Theodor Plivier, Berlin: Verlag »Der Syndikalist« (Fritz Kater) 1921

(1899b) *Memoirs of an revolutionist*, Boston und New York: Houghton, Mifflin & Co. 1899
Übersetzung: Memoiren eines Revolutionärs, übers. von Max Pannwitz, Frankfurt/M.: Insel 1973

(1901) *Sovremennaia nauka i anarkhizm*, London: Russian Free Press 1901; zit. nach der französischen Ausgabe: La science moderne et l'anarchie, 2. erw. Aufl., Paris: Stock 1913 (Bibliothèque sociologique, Nr. 49)

(1902a) *Mutual Aid*. A Factor of Evolution, London: Heinemann 1902
Übersetzung: Gegenseitige Hilfe in der Tier- und Menschenwelt, übers. von Gustav Landauer, Neuausgabe von Henning Ritter, Frankfurt/M.: Ullstein Verlag 1975

(1902b) *Une lettre à Max Nettlau*, hrsg. von Derry Novak. In: International Review of Social History (Amsterdam), Vol. 9, No. 2 (1964), S. 268-285

(1904) *Préface à l'édition italienne* [de »Paroles d'un révolté«]. In: Kropotkin: Paroles d'un révolté, hrsg. von Martin Zemliak, Paris: Flammarion 1978, S. 257-263

(1909) *La grande révolution 1789-1793*, Paris: Stock 1909
Übersetzung: Die Französische Revolution 1789-1793, übers. von Gustav Landauer, erw. Auflage., mit einem Nachwort von V. M. Dalin, Anm. von A. W. Gordon und J. W. Starostin (aus dem Russ. von W. und W. Schroeder) und mit einem Essay von Gustav Landauer, Leipzig-Weimar: Kiepenheuer 1982

(1910) *The Theory of Evolution and Mutual Aid*. In: »The Nineteenth Century«, No. CCCCV, Jan. 1910, S. 86-107

(1913) *L'état moderne*. [Erstmals publiziert in der französischen Ausgabe von Kropotkin (1901)]
Übersetzung: Der moderne Staat, übers. von Gustav Landauer. In: Kropotkin (o. J.), S. 47-101

(1919) *Postface à l'édition russe* [de »Paroles d'un révolté«]. In: Kropotkin: Paroles d'un révolté, hrsg. von Martin Zemliak, Paris: Flammarion 1978, S. 267-278

(1921) *Gerechtigkeit und Sittlichkeit* [Vortrag aus dem Jahre 1888 oder 1889], russ. Ausgabe 1921; deutsche Übersetzung, Berlin: Verlag »Der Syndikalist« 1924

(1922) *Etika*, Bd. 1, russ. Ausgabe, Petrograd-Moskau: Golos truda 1922
Übersetzung: Ethik. Ursprung und Entwicklung der Sitten, Berlin: Kramer Verlag 1976

(1976) *Œuvres*. Textes réunis et présentés par Martin Zemliak, Paris: Maspéro 1976

(1980) *Unterredung mit Lenin sowie andere Schriften zur russichen Revolution*, Hannover: Die Freie Gesellschaft 1980

(1983) *Der Anarchismus*, mit einer Einführung in Kropotkins Leben und Werk hrsg. von Helge Mertl, Siegen: Winddruck Verlag 1983 [enth.: (1896a) u. a.]

(o. J.) *Der Staat*, Frankfurt: Freie Gesellschaft o. J. (Aufsatzsammlung, Bd. 2) [enth.: 1887a, 1896b, 1913 u. a.]

2. Sekundärliteratur

Von den nachstehend aufgeführten Werken wurde nur ein Teil für diese Einführung herangezogen; die Zusammenstellung soll eine vertiefte Beschäftigung mit Kropotkin ermöglichen.

Rolf Cantzen (1987): *Weniger Staat – mehr Gesellschaft. Freiheit – Ökologie – Anarchismus*, Frankfurt/M.: Fischer

Angel J. Cappelletti (1978): *El pensamiento de Kropotkin: ciencia, ética y anarquia*, Bilbao: Zero

Peter Kropotkin (1973): *Memoiren eines Revolutionärs*, übers. von Max Pannwitz, Frankfurt/M.: Insel
Kropotkins Autobiographie bietet noch immer eine ausgezeichnete Einführung in sein Leben und Werk.

Errico Malatesta (1931): *Pietro Kropotkin. Ricordi e critice di un vecchio amico*. In: *Studi Sociali* (Montevideo), 15. April 1931
Übersetzung (1980): Peter Kropotkin. Erinnerungen und Kritik eines alten Freundes. In: Gesammelte Schriften, Bd. 2, Berlin, S. 56-66

Martin A. Miller (1976): *Kropotkin*, Chicago and London: The University of Chicago Press
Dieses aus einer Dissertation (»The formative years of P. A. Kropotkin 1842-1876«) hervorgegangene Werk betont die biographischen Aspekte von Kropotkins Denken. In dieser Hinsicht aufgrund des eingehenden Quellenstudiums informativ und seriös; reichhaltige bibliographische Angaben.

Max Nettlau (1972ff.): *Geschichte der Anarchie*, Neudruck, Vaduz: Topos; Erstausgaben: Bd. 1: *Der Vorfrühling der Anarchie*, 1925; Bd. II: *Der Anarchismus von Proudhon zu Kropotkin*, 1927; Bd. III: *Anarchisten und Sozialrevolutionäre*, 1931; Bd. IV: *Die erste Blütezeit der Anarchie: 1886-1894*, 1981; Bd. V: *Anarchisten und Syndikalisten*, 1984

Stephen Osofsky (1979): *Peter Kropotkin*, Boston: Twayne Publishers (Twayne's World Leader Series; TWLS 77)

Eine exzellente, mit viel (kritischer) Sympathie geschriebene Studie über Kropotkins Leben und Werk. Durch die Einordnung Kropotkins in die anarchistische Tradition sowie durch eine ausführliche Darstellung der Rezeption bis in die Gegenwart bildet das Buch zugleich eine aufschlußreiche Einführung in das anarchistische Denken.

George Woodcock/Ivan Avakumovic (1950): *The Anarchist Prince: A Biography of Peter Kropotkin*, London: Boardman

Zeittafel

1842 Am 9. Dezember wird Pjotr Kropotkin in Moskau geboren. Er entstammt einer der ältesten Familien des russischen Hochadels, die zu dieser Zeit über etwa zweitausend Leibeigene verfügt. Das Schicksal dieser Unterprivilegierten beschäftigt ihn seit seiner frühen Kindheit.

1857 Eintritt ins Pagenkorps Alexander II. in St. Petersburg. Kropotkin wird in dieser Eliteschule auf eine Offizierskarriere vorbereitet.

1862-67 Dienst im Kosakenheer in Sibirien. Kropotkin gewinnt starke Eindrücke von der halbkommunistischen Sozialorganisation der dortigen Bevölkerung. Er unternimmt verschiedene geographische Reisen, die den Beginn einer langen wissenschaftlichen Tätigkeit bedeuten.

1868 Übertritt in den Zivilstaatsdienst. Studium der Mathematik und der Geographie an der Moskauer Universität. Mit verschiedenen Arbeiten über die Orographie und Kartographie Nordasiens sowie mit geologischen Untersuchungen in Finnland und Schweden wird Kropotkin ein anerkannter Geograph.

1872 Kropotkins erste Europareise bringt ihn in Verbindung mit der (anarchistischen) Arbeiterbewegung (Erste Internationale, Jura-Föderation); die Eindrücke dieser Reise bekräftigen sein sozialrevolutionäres Engagement.

Nach seiner Rückkehr beginnt Kropotkin – neben der Weiterführung seiner wissenschaftlichen Arbeiten – die Mitarbeit im illegalen Tschaikowski-Kreis.

1874 Festnahme und Inhaftierung (ohne Prozeß) in der Peter-Paul-Festung, wo er an seinen geographischen Arbeiten über die Vergletscherung Europas weiterschreibt.

1876 Spektakuläre Flucht. Vielfältige agitatorische Tätigkeit (Reisen, Vorträge, Mitarbeit an Zeitschriften) für die Internationale in verschiedenen europäischen Ländern.

1878 Im August läßt sich Kropotkin in Genf nieder.

1879 Am 22. Februar gründet Kropotkin die Zeitschrift »Le Révolté«, Fortsetzung ab 1887 als »La Révolte« und ab 1895 als »Les Temps Nouveaux«, deren Herausgabe bis zu seiner Verhaftung im Dezember 1882 fast gänzlich seine Angelegenheit ist. Vor allem unter dem Einfluß von François Dumartheray und Elisée Reclus entwickelt sich Kropotkin zum kommunistischen Anarchisten.

1881 Im August wird Kropotkin auf Betreiben der russischen Regierung aus der Schweiz ausgewiesen, weil er gegen die Hinrichtung von fünf russischen Revolutionären protestiert hatte. Er übersiedelt nach Thonon am französischen Ufer des Genfer Sees.

1882 Am 21. Dezember wird Kropotkin verhaftet und im Januar 1883 (als angeblicher intellektueller Urheber eines Bombenattentats) zu fünf Jahren Haft verurteilt. Die Gefängnis-Erfahrungen veranlassen ihn zu einer umfangreichen publizistischen Tätigkeit über die Folgen der Haft.

1886 Nach über drei Jahren, vorwiegend im Zentralgefängnis von Clairvaux, wird Kropotkin (zusammen mit Louise Michel, Emile Puget u.a.) aus der Haft entlassen. Nach einem kurzen Aufenthalt in Paris übersiedelt er nach Harrow/England.

1892 *La conquête du pain*.

1894 Kropotkin verlegt seinen Wohnsitz in die südöstlich von London gelegene Kleinstadt Bromley. Aufgrund seines prekären Gesundheitszustandes widmet er sich

	vorwiegend publizistischer Tätigkeit in den Zeitschriften »La Révolte«, »The Nineteenth Century«, »Freedom« und »Les Temps Nouveaux«. Vor allem seine wissenschaftlichen Arbeiten ermöglichen ihm und seiner Familie ein relativ gutes Auskommen.
1899	*Fields, Factories and Workshops*.
1902	*Mutual Aid. A Factor of Evolution*.
1909	*La grande révolution 1789-1793*.
1914	Parteinahme für die Alliierten zu Beginn des Ersten Weltkriegs; daraufhin erhebliche Isolierung in der anarchistischen Bewegung.
1917	Rückkehr nach Rußland. Kropotkin weigert sich, unter Ministerpräsident Kerenski eine offizielle politische Funktion zu übernehmen. Sein Verhältnis zu den Bolschewisten ist das einer obstruktiven Opposition. Hauptsächlich beschäftigt er sich mit der Ausarbeitung seiner großangelegten »Ethik«.
1921	Am 8. Februar stirbt Kropotkin in Dimitrov bei Moskau. Sein Begräbnis wird zur letzten großen Manifestation der Anarchisten in der Sowjetunion.

JUNIUS

LUXEMBURG

zur Einführung

Ossip K. Flechtheim beschreibt in seiner Einführung die Ausnahmestellung Rosa Luxemburgs in der deutschen Arbeiterbewegung. Zugleich zeichnet er ein Bild von ihrer Persönlichkeit, von ihrem Vertrauen in die Schöpferkraft der Massen und von ihrem Entwurf eines humanen Sozialismus, mit dem ihr Name bis heute so eng wie kaum ein anderer verbunden wird.

»Allererste Einführung, die überall brauchbar ist.« (H.P. Schuhböck in ›ekz-informationsdienst‹).

Ossip K. Flechtheim

Rosa Luxemburg zur Einführung

2. Auflage, 104 Seiten, mit Abb., ISBN 3-88506-818-4

Junius Verlag · Postfach 50 07 45
Stresemannstraße 375
2000 Hamburg 50

Auf Wunsch senden wir Ihnen gern unsere Prospekte zu!

JUNIUS